REDAÇÃO PARA O ENEM

O livro é a porta que se abre para a realização do homem.

Jair Lot Vieira

Murilo Oliveira de Castro Coelho

REDAÇÃO PARA O ENEM

ANÁLISE DA
REDAÇÃO NOTA 1.000

ANÁLISE DA
PROVA DE REDAÇÃO 2014

INCLUI:

- As 5 competências exigidas pelo Enem
- Revisão gramatical
- Elementos da textualidade
- Compreensão e interpretação de textos
- Estrutura do texto dissertativo-argumentativo
- Os 6 "pecados capitais" na redação do Enem

edipro

Grafia conforme o novo Acordo Ortográfico da Língua Portuguesa.

1ª edição, 2ª reimpressão, 2019.

Editores: Jair Lot Vieira e Maíra Lot Vieira Micales
Coordenação editorial: Fernanda Godoy Tarcinalli
Editoração: Alexandre Rudyard Benevides
Diagramação: MC Coelho – Produção editorial
Revisão: Equipe Edipro
Arte: Karine Moreto Massoca

Dados Internacionais de Catalogação na Publicação (CIP)
(Câmara Brasileira do Livro, SP, Brasil)

Coelho, Murilo Oliveira de Castro

Redação para o Enem / Murilo Oliveira de Castro Coelho – São Paulo : Edipro, 2015.

ISBN 978-85-7283-937-2

1. Enem – Exame Nacional do Ensino Médio 2. Português – Redação (Ensino médio) I. Título.

15-04666 CDD-469.8076

Índices para catálogo sistemático:
1. Português : Redação : Enem : Ensino médio : 469.8076
2. Redação : Português : Enem : Ensino médio : 469.8076

EDITORA AFILIADA

edipro

São Paulo: (11) 3107-4788 • Bauru: (14) 3234-4121
www.edipro.com.br • edipro@edipro.com.br
@editoraedipro @editoraedipro

Sumário

Apresentação

Esta obra foi idealizada a partir de experiências do autor como coordenador editorial, revisor e preparador de textos para diversas editoras brasileiras. Após ter percebido a dificuldade de pessoas com as mais diversas formações em deixar o texto claro e objetivo, resolvemos produzir uma espécie de curso de redação exclusivo para o tipo de texto exigido na prova de redação do Exame Nacional do Ensino Médio (Enem).

O texto em prosa, do tipo dissertativo-argumentativo da prova de redação do Enem é opinativo, isto é, o participante deverá apresentar a defesa de um ponto de vista sobre determinado assunto. A opinião precisa ser fundamentada, contendo argumentos que levem o leitor a ser convencido da tese defendida. Portanto, trata-se de um texto com dupla função. Ao mesmo tempo em que expõe ideias e argumentos, também tenta convencer o interlocutor de que o ponto de vista do emissor está correto.

Mas não é somente a produção de um texto adequado ao tipo exigido pela banca examinadora que levará um estudante a obter uma boa nota na prova de redação. O Enem avalia ainda outras competências. Ao longo deste curso, o leitor terá a oportunidade de aprender ou de revisar item por item das exigências relacionadas no edital.

Desde a interpretação dos textos motivadores e a adequação ao tema, passando pelo estabelecimento das estratégias argumentativas em defesa do ponto de vista, com a devida sustentação dos argumentos e a formulação da proposta de intervenção social, explicaremos detalhadamente como os estudantes deverão utilizar os recursos coesivos e a progressão textual, de modo que poderão treinar para elaborar uma redação sem contradições, isto é, com começo, meio e fim coerentes.

Além disso, os leitores receberão resumos objetivos para auxiliá-los a elaborar a escrita de acordo com a norma culta da Língua Portuguesa, obedecendo regras de concordância, de regência, de acentuação, de ortografia e outras. Apresentaremos ainda lições sobre a conclusão que a redação deverá ter, uma vez que o Enem exige que o participante apresente proposta de intervenção com o devido respeito aos direitos humanos. O problema exposto nos textos motivadores deverá ter uma solução no fechamento, parágrafo que precisa retomar a tese e expor a finalização da defesa do ponto de vista.

Demonstraremos redações verdadeiras, que obtiveram nota máxima, com uma análise sobre sua estrutura. Essa metodologia pode auxiliar bastante, já que tendemos a relacionar o que precisa ser feito com o que já foi realizado por alguém. Mesmo na hora da prova, com aquela tensão toda, capaz até mesmo de fazer com que tenhamos o famigerado "branco", a simples lembrança de como alguém elaborou a sua redação e propôs uma solução para um problema social pode fazer um estudante relaxar e ter aquela ideia luminosa, que desencadeará a argumentação e o parágrafo de finalização do texto dissertativo-argumentativo.

Para algo acontecer, não é preciso nada mais do que uma atitude, uma inciativa, um passo. Talvez, a coragem de começar seja ainda mais importante que a possibilidade do êxito. Mas para chegar a algum lugar não basta começar, é preciso treinar. Boa vontade não é suficiente, é preciso fazer. Tenha iniciativa e tenha atitude. Comece agora mesmo a estudar e, no dia da prova, perceberá que pode produzir um texto que surpreenderá os avaliadores.

Capítulo 1

A importância da redação do Enem

Além de terem a possibilidade de ingressar no ensino superior nas universidades federais por meio do Sistema de Seleção Unificada (Sisu), os participantes do Enem oriundos de escolas públicas terão a oportunidade de cursar a faculdade com bolsas de estudo parciais ou integrais em instituições de ensino superior particulares, por meio do Programa Universidade Para Todos (Prouni). O estudante conta ainda com o Fundo de Financiamento Estudantil (Fies). Os maiores de 18 anos que ainda não terminaram a escolarização básica podem participar do Enem para obter a certificação do ensino médio junto a secretarias estaduais de educação, aos institutos e aos centros federais.

A partir de abril de 2015, o Ministério da Educação (MEC) passou a exigir uma pontuação mínima de 450 pontos no Enem, tanto para quem quiser se inscrever no Prouni, como também para obter acesso ao Fies, além dos pré-requisitos de renda. Os estudantes que fazem o Enem podem ainda concorrer a bolsas de intercâmbio pelo Ciência Sem Fronteiras (bolsas de estudo para os melhores centros de pesquisa do mundo). Contudo, é necessária a média mínima de 600 pontos para se candidatar ao programa que promove intercâmbio para universidades no exterior.

Além de melhorar a média dos pontos, que vão de zero a 1.000, uma boa nota na prova de redação dará direito aos benefícios. Por isso, é preciso estudar e treinar para produzir um texto com a necessária excelência. Vale ressaltar que o participante que zerar na prova de redação perderá as chances para fazer a inscrição no Sisu, no Prouni, no Fies e no Ciência Sem Fronteiras, já que a desclassificação é automática para o sistema de seleção e para os programas.

Mesmo que o estudante obtenha média das provas objetivas acima da pontuação mínima, se zerar a redação ficará fora dos programas. A média simples é calculada por meio da soma das notas das cinco provas, incluindo a redação, e dividindo por cinco. Entretanto, quando uma universidade estabelece peso para cada uma das provas, a média passa a ser a soma das cinco notas dividida pela soma dos pesos.

De acordo com as informações do Instituto Nacional de Estudos e Pesquisas Educacionais Anísio Teixeira (Inep), na edição 2014 do Enem mais de 6 milhões de estudantes fizeram as provas, mas apenas 250 participantes obtiveram a nota máxima (1.000 pontos) na redação. Aproximadamente 530 mil candidatos tiraram nota zero em redação. A pontuação média nacional em redação caiu de 521,2 para 470,8, em relação ao exame aplicado em 2013.

Para obter bolsas do Prouni, uma boa nota na redação faz toda a diferença, já que no caso de dois candidatos para a mesma vaga terem nota igual no Enem a nota da redação será o critério de desempate.

1.1. Média do Enem

Para o cálculo da média do Enem, as notas das provas objetivas não têm o mesmo significado que a nota obtida na prova de redação, já que elas não podem ser misturadas. É importante observar que nas provas objetivas não há nota absoluta. Tanto na prova de Ciências Humanas e suas Tecnologias, como na de Ciências da Natureza e suas Tecnologias, na de Linguagens, Códigos e suas Tecnologias, assim como na de Matemática e suas Tecnologias o aluno nunca poderia chegar a 1.000 pontos, como também não poderia zerar.

A publicação do Inep, intitulada *Entenda a Sua Nota do Enem*[1] explica "que o Enem utiliza uma metodologia de correção das questões objetivas, a Teoria de Resposta ao Item (TRI), que é diferente da metodologia clássica", além de deixar claro que o cálculo não é o mesmo com o qual os estudantes estão acostumados na sala de aula. De acordo com a obra mencionada, "quando a prova é composta com muitos itens fáceis, o máximo da prova tenderá a ser mais baixo, e quando ela é composta com muitos itens difíceis, o mínimo tenderá a ser mais alto. Então, está claro que a nota mínima não é '0' e a nota máxima não é 1.000".

A proposta pedagógica da TRI parece bastante justa. No caso de dois participantes terem acertado a mesma quantidade de questões, sendo que um deles acertou as questões mais fáceis, em determinada escala de dificuldade, então receberá uma nota menor do que a do participante que acertou as questões mais difíceis e errou as mais fáceis.

Já na prova de redação, a nota é calculada por um critério diferente. Para cada competência avaliada será atribuída uma nota entre 0 e 200 pontos. Como a banca avalia cinco competências, a soma desses pontos comporá a nota total de cada avaliador, que pode chegar a 1.000 pontos. Cabe destacar que veremos detalhadamente cada uma das cinco competências em capítulo específico desta obra.

Somar as notas das provas objetivas com a nota de redação e, depois, dividi-las não diz nada, simplesmente porque na redação a nota é o que

1. Disponível em: <http://mapaitensenem.inep.gov.br/mapaNota/>. Acesso em: 26 jan. 2015.

convencionalmente conhecemos como nota, e na prova objetiva a nota é o desvio que os candidatos tiveram em relação à média de acertos de todos os candidatos. De acordo com o Inep: "a coerência pedagógica esperada é que o participante acerte as questões que estão abaixo de seu nível de proficiência". Se a proficiência de um determinado participante for alta, a probabilidade de acertos nos itens fáceis será grande. Todavia, se ele errar os itens fáceis, então sua proficiência não deverá ser alta.

Já a resposta certa casualmente, o popular "chute" também pode ser identificado pelos avaliadores pelo uso da TRI. A teoria pedagógica capacita a banca a perceber que um participante conseguiu, por exemplo, acertar uma questão que solicitava conhecimentos de uso correto de pronomes, mas não conseguiu analisar o uso do pronome pessoal como marca de norma padrão da Língua Portuguesa em uma charge.

Cabe destacar que o acerto de uma questão "no chute", não significa que a nota irá diminuir, segundo orientações do Inep. Entretanto, ela não terá tanto valor como se o participante tivesse respondido corretamente, com a coerência pedagógica esperada. Portanto, o estudante precisa ter em mente que é sempre melhor responder à questão do que a deixar em branco, pois uma questão certa sempre aumenta a nota, enquanto aquela deixada em branco é corrigida como errada.

1.2. Discrepância

A chamada "discrepância" é exclusiva da avaliação da prova de redação. Por discrepância entende-se a divergência de notas atribuídas pelos avaliadores quando, no total, uma for diferente da outra por mais de 100 pontos ou a diferença for superior a 80 pontos em qualquer uma das cinco competências. No caso de a diferença na nota ser assim tão grande, então a redação será avaliada por um terceiro avaliador. A nota final será a média aritmética das duas notas totais que mais se aproximarem. Mas se a discrepância ainda permanecer, a redação será avaliada por uma banca composta de três avaliadores presenciais, que atribuirá a nota final do participante.

Desde a edição de 2012 o Inep implantou a vista pedagógica das redações, que permitiu ao participante a visualização da sua redação com informações da avaliação por competência, possibilitando uma reflexão pedagógica mais aprofundada sobre seu desempenho.

1.3. Tempo reduzido para produzir o texto

A prova de redação é aplicada no segundo dia do Enem, o mesmo em que o participante precisa resolver 45 questões de Linguagens e Códigos, com textos longos, e mais 45 questões de Matemática, com muitos cálculos. A duração total das provas do segundo dia é de cinco horas e 30 minutos. Isso significa que, além do tempo para produzir o texto, o participante terá somente pouco mais de três minutos e meio para gastar com cada questão, caso opte por seguir nossa sugestão para elaborar a redação e reservar tempo para marcar o cartão-resposta, conforme aconselha a organizadora.

Assim sendo, uma boa estratégia seria elaborar primeiro a redação para, somente depois, dedicar o tempo restante à resolução das 90 questões. Por exemplo, se o participante conseguir ler os textos de apoio, interpretar o significado, preparar a tese, desenvolver a argumentação e redigir um texto de até 30 linhas em 45 minutos, usando 15 minutos para passar a limpo, terá quatro horas para resolver as questões de múltipla escolha das disciplinas de Linguagens, Códigos e suas Tecnologias e de Matemática e suas Tecnologias. Na verdade, restarão exatos três minutos e meio para cada uma. Neste cálculo está descontada a meia hora necessária para marcar o cartão-resposta.

É possível escrever em apenas 45 minutos? É justamente esse treinamento que esta obra pretende propiciar aos leitores. O grande diferencial será o aprendizado de compreensão e interpretação de textos, assim como um reforço para tornar o estudante atualizado com os acontecimentos de ordem social, científica, cultural ou política, temas abordados em todas as edições do Enem.

Além disso, revisaremos a gramática normativa, ofereceremos lições de progressão textual, desde a formulação de parágrafos até a elaboração da conclusão. Ou seja, utilizaremos uma metodologia que propicie aos estudantes treinamento nas capacidades que serão avaliadas no Enem.

Nosso curso pretende habilitar os estudantes a ter as seguintes capacidades: a) exprimir-se com clareza na modalidade escrita formal da Língua Portuguesa; b) organizar ideias para desenvolver o tema, dentro dos limites estruturais do texto dissertativo-argumentativo em prosa; c) estabelecer relações, a fim de expressar opiniões e argumentos em defesa de um ponto de vista; d) produzir o texto com os mecanismos linguísticos necessários para a construção da argumentação; e) elaborar proposta de intervenção.

A nota de redação do Enem é considerada a parte mais importante para definir a nota final. Portanto, vamos colocar a "mão na massa" e treinar para produzir um texto que apresente uma unidade de sentido em que todos os aspectos se inter-relacionem para constituir a textualidade e demonstrar as competências exigidas pelos avaliadores. Antes de darmos início aos trabalhos de prática vamos analisar uma redação extraída da publicação do Ministério da Educação em conjunto com o Instituto Nacional de Estudos e Pesquisas Educacionais Anísio Teixeira (Inep) e a Diretoria de Avaliação da Educação Básica (Daeb), intitulada *A Redação do Enem 2012 – Guia do Participante.*

1.4. Análise da redação do Enem 2011

Desde 2012, dois corretores passaram a dar nota de 0 a 200 pontos em cinco competências, totalizando um máximo de 1.000 pontos na redação. Com as novas regras do Inep, caso haja discrepância de mais de 80 pontos nas notas dos dois corretores em uma competência, um terceiro corretor deverá avaliar a redação. Esse corretor também poderá ser solicitado se a diferença da soma das notas das cinco competências for maior que 200 pontos.

ENEM 2011

Com base na leitura dos textos motivadores seguintes e nos conhecimentos construídos ao longo de sua formação, redija um texto dissertativo-argumentativo em norma padrão da Língua Portuguesa sobre o tema: VIVER EM REDE NO SÉCULO XXI: OS LIMITES ENTRE O PÚBLICO E O PRIVADO, apresentando proposta de conscientização social que respeite os direitos humanos. Selecione, organize e relacione, de forma coerente e coesa, argumentos e fatos para defesa de seu ponto de vista.

Liberdade sem fio

A ONU acaba de declarar o acesso à rede um direito fundamental do ser humano – assim como saúde, moradia e educação. No mundo todo, pessoas começam a abrir seus sinais privados de *wi-fi*, organizações e governos se mobilizam para expandir a rede para espaços públicos e regiões onde ela ainda não chega, com acesso livre e gratuito.

ROSA, G.; SANTOS, P. **Galileu.** n. 240, jul. 2011 (fragmento).

A internet tem ouvidos e memória

Uma pesquisa da consultoria Forrester Research revela que, nos Estados Unidos, a população já passou mais tempo conectada à internet do que em frente à televisão. Os hábitos estão mudando. No Brasil, as pessoas já gastam cerca de 20% de seu tempo *on-line* em redes sociais. A grande maioria dos internautas (72%, de acordo com o Ibope Mídia) pretende criar, acessar e manter um perfil na rede. "Faz parte da própria socialização do indivíduo do século XXI estar numa rede social. Não estar equivale a não ter uma identidade ou um número de telefone no passado", acredita Alessandro Barbosa Lima, CEO da e.Life, empresa de monitoração e análise de mídias.

As redes sociais são ótimas para disseminar ideias, tornar alguém popular e também arruinar reputações. Um dos maiores desafios dos usuários da internet é saber ponderar o que se publica nela. Especialistas recomendam que não se deve publicar o que não se fala em público, pois a internet é um ambiente social e, ao contrário do que se pensa, a rede não acoberta anonimato, uma vez que mesmo quem se esconde atrás de um pseudônimo pode ser rastreado e identificado. Aqueles que, por impulso, se exaltam e cometem gafes podem pagar caro.

Disponível em: <http://www.terra.com.br>. Acesso em: 30 jun. 2011 (adaptado).

DAHMER, A. Disponível em: <http://malvados.wordpress.com>. Acesso em: 30 jun. 2011.

Composta de dois textos motivadores e de um tirinha, a seção de textos motivadores da edição 2011 do Enem discutia a era da comunicação em que a sociedade está conectada.

O primeiro texto motivador evidencia um assunto discutido durante o ano de 2011: o sinal wi-fi gratuito. "Wi-fi" é uma marca registrada, que designa a conexão de dispositivos com rede local sem fios. Naquele ano, a Organização das Nações Unidas (ONU) declarou o acesso à internet como um direito fundamental do ser humano. Também a Síria frequentou os noticiários por ter bloqueado o sinal de internet, ao impedir o acesso às redes sociais por conta da população estar protestando contra o governo.

No Brasil, a discussão era sobre a abertura do sinal em aeronaves. Nos ônibus, praças, aeroportos e vários outros locais começava um grande movimento para a conexão sem fios de modo livre e gratuito. Os governos estaduais e o federal, além de vários municipais começavam a oferecer sinal de wi-fi, tendo em vista a aproximação de eventos de grande porte, como a Copa do Mundo no Brasil. Em 2014, houve uma explosão de sinais abertos e gratuitos em várias praias brasileiras.

No segundo texto motivador, há uma ampla exposição sobre as redes sociais, ao revelar dados dos hábitos dos norte-americanos fornecidos por uma pesquisa da consultoria Forrester Research, e ainda dos brasileiros, por meio de informações do Ibope Mídia. O mesmo texto apresenta uma conceituação bem relevante afirmada pelo CEO da e. Life, empresa especialista em inteligência e gestão do relacionamento do consumidor, com sedes no Brasil, Portugal, Espanha, México e Austrália, portanto, uma empresa global.

O texto demonstra a conectividade e o aumento dos usuários de redes sociais. A criação de um perfil no Facebook, por exemplo, é apontado pelo executivo da e.Life como uma identidade virtual.

O segundo parágrafo desse segundo texto expõe a opinião de especialistas em direito digital, esclarecendo que as regras do direito penal para a vida em sociedade são as mesmas para as redes sociais. Ou seja, uma conduta criminosa na vida real também será considerada crime se realizada nas redes sociais.

Para os dias atuais, por exemplo, os casos ocorridos logo após as eleições presidenciais de 2014, em que alguns exaltados xingaram nordestinos ou fizeram comentários preconceituosos em postagens no Facebook e no Twitter, poderiam ter sido considerados crime de injúria racial.

Relembremos o caso da ex-miss Brasil, injuriada por um médico dermatologista que postou comentário em rede social com o intuito de atingir a credibilidade pessoal e profissional da beldade gaúcha – também médica e com atuação na mesma área –, ferindo direitos de personalidade. A ofensa deu margem à indenização por dano moral e obrigou o médico a reparar a ex-miss por ter intencionalmente ofendido a imagem pessoal e profissional dela.

O médico dermatologista postou um comentário no perfil do Facebook da ex-miss Brasil no Dia do Dermatologista, que dizia: "sabiam que a vaga da na Universidade Luterana do Brasil foi prêmio do garota-verão, nem concurso ela fez!!!". O Judiciário obrigou o réu a excluir os comentários e ainda o condenou a pagar indenização por dano moral no valor de R$ 30 mil.

Já a tirinha traz uma crítica à sociedade de controle e também ao monitoramento excessivo que órgãos governamentais e também empresas privadas fazem. Provavelmente, a intenção dos avaliadores tenha sido apresentar um fechamento para a seção de textos motivadores com um desafio para os participantes do Enem 2011 refletirem sobre os direitos fundamentais das pessoas que não querem ser monitoradas ou vigiadas o tempo todo.

No ano de aplicação do exame, a discussão sobre o chamado "direito ao esquecimento" começava a tomar corpo na Espanha. Naquele país o Judiciário já vinha entendendo que "nenhum cidadão que não goze da condição de personagem pública nem seja objeto de um fato de relevância pública tem de se conformar que seus dados pessoais circulem na rede"[2].

A discussão sobre o direito ao esquecimento, isto é, para que seja retirada dos resultados de busca na internet uma informação que possa prejudicar a imagem de alguém, mesmo que tenha cometido um delito, já estava avançando no Brasil em 2011. Com a argumentação de que não constitui forma de censurar a liberdade de imprensa, mas sim uma forma de devolver a um determinado cidadão uma vida digna, especialistas em legislação e em direito civil debateram o tema ao longo daquele ano.

Por tudo isso, ressaltamos a necessidade de constante atualização sobre os fatos e acontecimentos das mais variadas áreas do conhecimento. O estudante que vai disputar uma vaga na universidade precisa estar totalmente consciente de que o modelo de avaliação interdisciplinar exigirá que esteja antenado, ligado, sintonizado, ou outro termo que os jovens costumam usar para designar que é preciso atenção redobrada no ano que estiverem se preparando para o Enem.

---

2. GÓMEZ, Rosario G. *Como ser esquecido pela Internet*. Trad. Luiz Roberto Mendes Gonçalves. Disponível em: <http://wap.noticias.uol.com.br/midiaglobal/elpais/2011/01/08/como-ser-esquecido-pela-internet.htm>. Acesso em: 6 fev. 2015.

Capítulo 2

As cinco Competências exigidas na redação do Enem

Conforme dissemos, são cinco as competências a serem avaliadas na redação do Enem. Segundo o Inep, essa separação por competências tem a finalidade de tornar a avaliação mais objetiva. Antes de as relacionarmos e esclarecermos uma a uma é importante destacar que poderá ser atribuída nota zero à redação, no caso de haver algumas características no texto ou em trechos da redação que não estejam em conformidade com as exigências da banca organizadora do exame. Mais adiante veremos todos os detalhes em item destinado somente ao assunto.

Para cada competência relacionada na *Matriz de Referência* e também no *A Redação no Enem 2013 – Guia do Participante* corresponde um conjunto de habilidades, ou seja, a demonstração prática dessas competências.

Desde a primeira edição do Enem, a prova de redação foi estruturada em habilidades e abordou temas de questões que medem o conhecimento dos alunos por meio de enfoque interdisciplinar. Para Piaget (1981)[3], a interdisciplinaridade pode ser entendida como o "intercâmbio mútuo e integração recíproca entre várias ciências". Para esse autor, a interdisciplinaridade é uma interação entre as ciências, que deveria conduzir à transdisciplinaridade, sendo esta última uma concepção que se traduz em não haver mais fronteiras entre as disciplinas.

A construção do processo discursivo precisa levar em consideração a coesão textual e, consequentemente, a coerência, consideradas propriedades do texto. Mas, além disso, é preciso ainda ter em mente que a comunicação escrita antes se dá no plano ideológico. O sujeito será o senhor do discurso do qual se apropria, de tal modo que sugerirá uma proposta de intervenção ao problema apresentado no tema da redação.

A utilização da linguagem de um modo significativo consiste na elaboração de um discurso. A palavra "discurso", por si só, transmite a ideia de percurso, de movimento é a sua etimologia, isto é, o uso da língua para a produção de significados. Sabendo que na redação o participante deverá defender uma tese, isto é, apresentar uma opinião a respeito do tema da prova do Enem, que deve ser apoiada por argumentos consistentes e estruturados de forma coerente e coesa, o discurso não pode ser pensado em dimensão isolada, mas deve ter relações com acontecimentos de ordem política, econômica, científica, cultural e social. O texto deverá ser redigido de acordo com a modalidade escrita formal da Língua Portuguesa e ainda

3. PIAGET, J. Problémes Géneraux de la Recherche Interdisciplinaire et Mécanismes Communs. In: ______. *Épistémologie des Sciences de l'Homme.* Paris: Gallimard, 1981.

conter uma proposta de intervenção social para o problema que respeite os direitos humanos. O MEC relacionou cinco competências e as subdividiu em seis níveis diferentes de pontuação, de modo que os avaliadores possam atribuir notas que variam de zero a 200 para a averiguação do domínio de cada uma delas, a saber: 1. domínio da modalidade escrita formal da Língua Portuguesa; 2. domínio da tipologia dissertativa-argumentativa; 3. defesa do ponto de vista; 4. domínio dos recursos coesivos; e 5. proposta de intervenção relacionada ao tema.

Vejamos as competências relacionadas no *Redação no Enem 2013 – Guia do Participante*, publicado pelo Inep e nos determos a estudar cada uma delas. Porém, é importante lembrar de que cada competência tem seis níveis de desempenho que serão utilizados para avaliar a redação do Enem, que variam de zero a 200 pontos.

Competência 1	Demonstrar domínio da modalidade escrita formal da Língua Portuguesa.
Competência 2	Compreender a proposta de redação e aplicar conceitos das várias áreas de conhecimento para desenvolver o tema, dentro dos limites estruturais do texto dissertativo-argumentativo em prosa.
Competência 3	Selecionar, relacionar, organizar e interpretar informações, fatos, opiniões e argumentos em defesa de um ponto de vista.
Competência 4	Demonstrar conhecimento dos mecanismos linguísticos necessários para a construção da argumentação.
Competência 5	Elaborar proposta de intervenção para o problema abordado, respeitando os direitos humanos.

Fonte: *Guia do Participante*: A redação no Enem 2013.

2.1. Competência 1 – domínio da modalidade escrita formal da Língua Portuguesa

Em primeiro lugar, cabe ressaltar que a implantação definitiva do Novo Acordo Ortográfico da Língua Portuguesa deveria ter ocorrido no Brasil a partir de 1º de janeiro de 2013, segundo o Decreto presidencial nº 6.583, de

2008. No entanto, um novo decreto ampliou o período de transição até 31 de dezembro de 2015. Até lá, coexistirão a norma ortográfica atualmente em vigor e a nova norma estabelecida por meio do acordo. Em segundo lugar, mas não menos importante, é preciso ter em mente que existem diferenças entre as modalidades oral e escrita da Língua Portuguesa. Enquanto na oralidade o registro da língua geralmente se dá pela informalidade, na modalidade escrita há formalidade, que deve ser registrada com a utilização da norma culta.

Vejamos o exemplo do uso dos pronomes relativos, aqueles que retomam um substantivo ou um pronome anterior a eles, substituindo-o no início da oração seguinte. Trata-se de regramento em que é necessário conhecer a regência verbal, pois às vezes é preciso introduzir uma preposição antes do pronome relativo. Geralmente, a preposição é exigida por um verbo ou por um nome presente na oração iniciada pelo pronome relativo.

Na modalidade oral pode ser dito: "A rua que eu moro", "A comida que eu mais gosto", mas na norma culta as construções adequadas seriam: "A rua em que moro", "A comida de que mais gosto". O pronome relativo "que" pode ser empregado para retomar palavra que designa pessoa ou coisa, e é substituível por "o qual", "a qual", "os quais", "as quais".

Frases como "Nós pega o peixe", "os menino pega o peixe", "Mas eu posso falar os livro" e outras provocaram grande polêmica acerca de uma obra distribuída pelo MEC no Programa Nacional do Livro Didático, em 2011, e provocou o debate sobre o papel da língua popular e a modalidade oral na sala de aula. A autora do livro *Por uma Vida Melhor*, da *Coleção Viver, Aprender*, de Heloisa Ramos, afirmou que apesar de haver trechos dedicados ao uso da norma coloquial falada, a obra não promove o ensino dessa modalidade de escrever. O capítulo "Escrever é diferente de falar", no qual as citadas frases estavam inseridas, foi elaborado com o objetivo de apresentar as diferenças entre a norma culta e as variantes que uma pessoa pode aprender até chegar à escola, ou seja, variantes populares do idioma.

Em questões da prova de Linguagens, Códigos e suas Tecnologias o estudante encontra variedades linguísticas. Por exemplo, na edição 2013 do Enem uma questão trazia um trecho de uma música de Gabriel, O Pensador. Observe:

Até quando?

Não adianta olhar pro céu
Com muita fé e pouca luta

Levanta aí que você tem muito protesto pra fazer
E muita greve, você pode, você deve, pode crer
Não adianta olhar pro chão
Virar a cara pra não ver
Se liga aí que te botaram numa cruz e só porque Jesus
Sofreu não quer dizer que você tenha que sofrer!

GABRIEL, O PENSADOR. **Seja você mesmo** (mas não seja sempre o mesmo). Rio de Janeiro: Sony Music, 2001 (fragmento).

As escolhas linguísticas feitas pelo autor conferem ao texto:

a) caráter atual, pelo uso de linguagem própria da internet.

b) cunho apelativo, pela predominância de imagens metafóricas.

c) tom de diálogo, pela recorrência de gírias.

d) espontaneidade, pelo uso da linguagem coloquial.

e) originalidade, pela concisão da linguagem.

A alternativa "d" é a resposta correta. Essa linguagem coloquial de termos e expressões como "pro", "levanta aí", "se liga aí" dão o efeito de espontaneidade, uma vez que estão associados a um contexto informal de comunicação, o qual a música objetivou reproduzir.

Qualquer falante, culto ou não, pode dizer "vou estudá" para "estudar", mas deve saber que não poderá grafar o mencionado verbo da mesma forma que fala na redação do Enem. É evidente que há diferenças entre a língua falada e a escrita. Se uma pessoa gravar sua fala e, depois, transcrevê-la ficará muito surpreso em constatar que não se escreve do mesmo modo como se costuma falar. É exatamente a conversão da forma falada ou informal em forma escrita e formal que os avaliadores solicitam.

Sempre que falamos sobre nossas ideias, opiniões, crenças e certezas, estamos dissertando. Quando expomos argumentos para defender nosso ponto de vista sobre determinado assunto, estamos realizando uma dissertação argumentativa.

Contudo, na redação do Enem é essencial a utilização da norma culta da linguagem, pois é inadmissível a utilização de variações linguísticas, gírias, entre outros. O participante deve ser claro, objetivo e direto e empregar um vocabulário diferente do que utiliza quando fala, já que deverá seguir as regras estabelecidas pela modalidade escrita formal.

O *Redação no Enem 2013 – Guia do Participante*, publicado pelo Inep, traz a relação das regras exigidas para a produção do texto argumentativo-dissertativo. Vejamos:

1. ausência de marcas de oralidade e de registro informal;
2. precisão vocabular; e
3. obediência às regras de:

a) concordância nominal e verbal;

b) regência nominal e verbal;

c) pontuação;

d) flexão de nomes e verbos;

e) colocação de pronomes oblíquos (átonos e tônicos);

f) grafia das palavras (inclusive acentuação gráfica e emprego de letras maiúsculas e minúsculas); e

g) divisão silábica na mudança de linha (translineação).

Assim sendo, em capítulo específico revisamos todos os detalhes da gramática normativa listados no item 3. Passemos, portanto, a estudar outro quadro da Competência 1, usado para os avaliadores conferirem nota de zero a 200 para a demonstração de domínio da modalidade escrita formal da Língua Portuguesa. Logo a seguir faremos alguns comentários.

200 pontos	Demonstra excelente domínio da modalidade escrita formal da Língua Portuguesa e de escolha de registro. Desvios gramaticais ou de convenções da escrita serão aceitos somente como excepcionalidade e quando não caracterizem reincidência.
160 pontos	Demonstra bom domínio da modalidade escrita formal da Língua Portuguesa e de escolha de registro, com poucos desvios gramaticais e de convenções da escrita.
120 pontos	Demonstra domínio mediano da modalidade escrita formal da Língua Portuguesa e de escolha de registro, com alguns desvios gramaticais e de convenções da escrita.

80 pontos	Demonstra domínio insuficiente da modalidade escrita formal da Língua Portuguesa, com muitos desvios gramaticais, de escolha de registro e de convenções da escrita.
40 pontos	Demonstra domínio precário da modalidade escrita formal da Língua Portuguesa, de forma sistemática, com diversificados e frequentes desvios gramaticais, de escolha de registro e de convenções da escrita.
0 ponto	Demonstra desconhecimento da modalidade escrita formal da Língua Portuguesa.

Fonte: *Guia do Participante*: A redação no Enem 2013.

Vale ressaltar que em cada competência os avaliadores poderão atribuir a nota zero. No caso de o participante receber um zero em cada competência, ele vai zerar na redação e não poderá fazer inscrição no Sistema de Seleção Unificada (Sisu) e nem no Programa Universidade Para Todos (Prouni), cuja finalidade é conceder bolsas de estudo integrais e parciais em instituições de ensino superior privadas. Tampouco poderá obter o financiamento do FIES – o Fundo de Financiamento ao Estudante do Ensino Superior, que possibilita ao bolsista parcial financiar até 100% da mensalidade não coberta pela bolsa do Prouni. Ficará ainda impossibilitado de participar do Ciência Sem Fronteiras, programa governamental que promove a consolidação, expansão e internacionalização da ciência e tecnologia, da inovação e da competitividade brasileira por meio do intercâmbio.

A polêmica acerca dos "desvios gramaticais ou das convenções de escrita" mencionados no critério para atribuição de 200 pontos para a Competência 1 foi assunto na imprensa na edição 2013 do Enem. O motivo é que o Guia do Participante de 2012 especificava que os ditos desvios mais graves que poderiam ser cometidos na redação seriam a falta de concordância entre o sujeito e o verbo, períodos incompletos, descontínuos, que não são compreensíveis ao leitor, má pontuação, que compromete o entendimento do texto e a presença de gírias. Já os desvios graves seriam a falta de concordância entre adjetivo e substantivo, regência nominal e verbal inadequadas, ausência da crase ou seu uso equivocado, problemas sintáticos, desvios em palavras de grafia complexa e marcas de oralidade. Os desvios leves, seriam ausência de concordância em passivas sintéticas e desvios de pontuação que não comprometem o sentido da redação.

O quadro presente nas páginas 12 e 13 do guia de 2012, em que se classificam os desvios como "mais graves", "graves" e "leves", foi suprimido na edição de 2013. Vários especialistas em redação criticaram o critério. O importante é saber que a proposta pedagógica está sempre recebendo ajustes. Na verdade, cabe ao estudante se preparar e escrever de acordo com as regras gramaticais. Um erro de concordância é muito grave, mesmo que digam o contrário.

A "excepcionalidade" que poderá ser aceita pelos avaliadores pode ser o mesmo desvio não acontecer em várias partes do texto, o que revelaria que o participante tem domínio da norma padrão e os erros são apenas eventuais, conforme o MEC esclarecia no *Redação no Enem 2013 – Guia do Participante.*

Vale ressaltar que o interesse em escrever corretamente, no que diz respeito ao domínio da modalidade escrita formal da Língua Portuguesa deve ser do estudante. Na sua vida profissional os avaliadores poderão ser os seus clientes, que não simplesmente rebaixarão a sua nota, mas podem deixar de fechar um negócio ou preferir os serviços de outro profissional, em razão de não terem compreendido perfeitamente o que foi comunicado.

2.2. Competência 2 – domínio da tipologia dissertativa-argumentativa

O participante será avaliado em seis níveis de desempenho, com pontuações que vão de zero a 200 em cada nível de domínio. Na Competência 2 será exigida a compreensão da proposta de redação e aplicação de conceitos das várias áreas de conhecimento para desenvolver o tema, dentro dos limites estruturais do texto dissertativo-argumentativo em prosa. Em primeiro lugar, o estudante deverá reunir habilidades para compreender a problemática exposta nos textos motivadores e relacionar fatos, a fim de aplicar conceitos multidisciplinares, que quase sempre envolvem Filosofia, Sociologia, Ciência Política, História e Geografia. Então, deverá desenvolver determinado ponto de vista.

Não se trata de uma simples exposição de ideias. Além de ter de apresentar um texto que defenda uma posição relacionada ao tema proposto pela banca, uma tese, o participante precisará ainda apresentar argumentos para convencer os avaliadores.

Vejamos os seis níveis de desempenho que serão utilizados para avaliar a Competência 2:

200 pontos	Desenvolve o tema por meio de argumentação consistente, a partir de um repertório sociocultural produtivo, e apresenta excelente domínio do texto dissertativo-argumentativo.
160 pontos	Desenvolve o tema por meio de argumentação consistente e apresenta bom domínio do texto dissertativo-argumentativo, com proposição, argumentação e conclusão.
120 pontos	Desenvolve o tema por meio de argumentação previsível e apresenta domínio mediano do texto dissertativo-argumentativo, com proposição, argumentação e conclusão.
80 pontos	Desenvolve o tema recorrendo à cópia de trechos dos textos motivadores ou apresenta domínio insuficiente do texto dissertativo-argumentativo, não atendendo à estrutura com proposição, argumentação e conclusão.
40 pontos	Apresenta o assunto, tangenciando o tema, ou demonstra domínio precário do texto dissertativo-argumentativo, com traços constantes de outros tipos textuais.
0 ponto	Fuga ao tema/não atendimento à estrutura dissertativo-argumentativa.

Fonte: *Guia do Participante*: A redação no Enem 2013.

É muito importante que o estudante evite usar as mesmas ideias apresentadas nos textos de apoio, que estão na prova de redação apenas para despertar uma reflexão sobre o tema e não para servirem de fundamento ou serem copiados. Vale ressaltar que a utilização de trechos desses textos motivadores levará os avaliadores a atribuírem nota mediana, pois entenderão que o participante apresenta domínio insuficiente.

Para obter os 200 pontos na Competência 2 o participante deverá apresentar uma "argumentação consistente, a partir de um repertório sociocultural produtivo". Conforme expusemos, é preciso estar atualizado com os fatos mais importantes da economia, política, cultura, ciência, tecnologia, entre vários outros assuntos para adquirir esse "repertório sociocultural", mencionado.

A publicação intitulada *Redação no Enem 2013 – Guia do Participante* aconselha a desenvolver o tema de forma consistente, de modo que os avaliadores possam acompanhar o raciocínio, o que significará que a progressão textual foi fluente e articulada com a tese formulada para ser desenvolvida no texto. Outra dica importante é que cada parágrafo deve desenvolver um tópico frasal, a oração que introduz a ideia central a ser desenvolvida na redação. Essa expressão "tópico frasal" foi utilizada por Othon Moacyr Garcia (1912-2002) em sua obra *Comunicação Em Prosa Moderna*[4], e designa um ou dois períodos curtos iniciais que contêm a ideia-núcleo do parágrafo em texto dissertativo e também nos dos tipos descritivo e narrativo.

A coerência entre o início, o meio e o fim do texto também é de fundamental importância. A originalidade também será levada em consideração e, por esse motivo, nunca é aconselhável repetir as palavras dos textos motivadores. O maior cuidado na Competência 2 é permanecer dentro dos limites do tema proposto, a fim de evitar que o participante fuja parcial ou totalmente do assunto em questão.

O tangenciamento, segundo a organizadora do exame, significa que o participante fez somente uma "abordagem parcial, realizada somente nos limites do assunto mais amplo a que o tema está vinculado, deixando em segundo plano a discussão em torno do eixo temático objetivamente proposto". Isso representará domínio precário do texto dissertativo-argumentativo, fator que fará com que os avaliadores atribuam nota baixa, de apenas 40 pontos. Vale lembrar que na geometria tangente é a reta que toca uma curva ou superfície sem cortá-la, compartilhando um único ponto com a curva. Isto é, um texto que apenas "encoste" na ideia central a ser debatida não será considerado como uma redação que atenda à estrutura dissertativa-argumentativa, com proposição, argumentação e conclusão.

Um exemplo para tornar isso mais claro seria a prova apresentar o tema dos 70 anos da libertação de Auschwitz, o campo de concentração nazista onde se estima que cerca de um milhão de judeus foram mortos, e o participante produzir um texto que aborde apenas superficialmente o nazismo, exponha a perseguição aos judeus e relate a Segunda Guerra Mundial, sem apresentar a ideia nuclear, que deve condenar o Holocaus-

4. GARCIA, Othon M. *Comunicação em Prosa Moderna:* aprenda a escrever aprendendo a pensar, 27. ed. Rio de Janeiro: Editora FGV, 2010.

to e as atrocidades nazistas. Isso significaria a utilização de outros tipos textuais, como o expositivo e o narrativo. Já a fuga total ao tema implicará a nota zero. Isto é, no caso de os examinadores solicitarem uma redação sobre fé e tolerância, por exemplo, um texto que discuta apenas a proposta de modernização da Igreja Católica defendida pelo papa Francisco, que propõe mudança significativa na atitude em relação aos homossexuais, seria considerado fuga ao assunto, que é bem mais amplo.

O "não atendimento à estrutura dissertativo-argumentativa" receberá nota zero. O texto que deixe de apresentar indicadores da tipologia dissertativa, tais como explicações, exemplificações, análises ou interpretações de aspectos dentro da temática solicitada, além de indícios de caráter argumentativo, isto é, defesa ou refutação de ideias para convencer o leitor de que o ponto de vista defendido é o correto, será considerado em desacordo com a tipologia textual solicitada pela organizadora do exame.

O participante não poderá, em hipótese alguma, elaborar um poema ou reduzir o seu texto à narração de uma história. Se a redação não apresentar a estrutura de organização textual solicitada receberá nota zero. Ainda revisaremos as tipologias textuais, a estrutura do texto dissertativo-argumentativo, elaboração da tese, progressão textual e estratégias argumentativas mais adiante nesta obra, em itens específicos para cada assunto.

2.3. Competência 3 – defesa do ponto de vista

As capacidades de selecionar, relacionar, organizar e interpretar informações, fatos, opiniões e argumentos em defesa de um ponto de vista consistem em outra competência avaliada pelos examinadores da redação do Enem. Como em todas as demais terá seis níveis que variam de zero a 200 pontos.

Na Competência 3 o participante deverá demonstrar em seu texto uma relação de sentido na argumentação, ou seja, coerência entre as ideias apresentadas. As proposições relacionais precisam ser parte da estrutura do texto e devem surgir no processo de interpretação, conferindo unidade ao texto. Portanto, é nessa parte que nos deteremos ao estudo da retórica, a técnica com a qual Aristóteles, na obra "Retórica", sistematizou a forma de persuadir ou de convencer.

Levando em consideração que os elementos que podem compor a argumentação são infinitos, obviamente não seriam todas as ideias em defesa de um ponto de vista que caberiam na redação. Portanto, o participante deve optar por inserir na sua argumentação aquelas que julgar mais eficientes, sempre em um encadeamento lógico.

Aliás, a lógica examina as formas que a argumentação pode tomar, quais são válidas e quais são falaciosas. O método foi desenvolvido por Aristóteles, a quem se deve o primeiro estudo formal do raciocínio. Dois dos princípios centrais da lógica aristotélica são usados em aulas de raciocínio lógico matemático, a saber, o da não contradição e o do terceiro excluído ou da exclusão. No primeiro princípio, nenhuma afirmação pode ser verdadeira e falsa ao mesmo tempo, ou seja, uma proposição é a negação de outra.

Já o segundo é estabelecido da forma que entre o ser e o não ser não existe meio termo. Ou seja, entre duas ideias com o mesmo sujeito e o mesmo predicado, uma será, necessariamente, afirmativa e outra negativa, uma delas é verdadeira e a outra falsa, não havendo terceira possibilidade. Em lógica não pode haver meio termo entre verdade e falsidade. Assim, uma ideia será verdadeira ou falsa, mas jamais será mais ou menos verdadeira ou mais ou menos falsa.

É preciso haver congruência entre as informações do texto e a realidade. Por congruência entende-se o ato ou efeito de concordar, de coincidir. A relação direta de uma coisa ou fato com o fim a que se destina.

Vejamos quais são os níveis para a avaliação da Competência 3.

200 pontos	Apresenta informações, fatos e opiniões relacionados ao tema proposto, de forma consistente e organizada, configurando autoria, em defesa de um ponto de vista.
160 pontos	Apresenta informações, fatos e opiniões relacionados ao tema, de forma organizada, com indícios de autoria, em defesa de um ponto de vista.
120 pontos	Apresenta informações, fatos e opiniões relacionados ao tema, limitados aos argumentos dos textos motivadores e pouco organizados, em defesa de um ponto de vista.
80 pontos	Apresenta informações, fatos e opiniões relacionados ao tema, mas desorganizados ou contraditórios e limitados aos argumentos dos textos motivadores, em defesa de um ponto de vista.

40 pontos	Apresenta informações, fatos e opiniões pouco relacionados ao tema ou incoerentes e sem defesa de um ponto de vista.
0 ponto	Apresenta informações, fatos e opiniões não relacionados ao tema e sem defesa de um ponto de vista.

Fonte: *Guia do Participante*: A redação no Enem 2013.

A redação que receberá 200 pontos dos avaliadores nesse quesito será aquela que apresentar unidade de sentido. Será o texto que não deixe dúvidas na apresentação do ponto de vista a ser defendido, ou seja, que permita ao leitor entender e acompanhar o que está sendo dito. Os argumentos que justificarão a posição assumida em relação à temática exigida pela proposta de redação precisam ter coesão e coerência.

A coesão consiste nas articulações gramaticais existentes entre as palavras, as orações e frases, a fim de assegurar o correto encadeamento das ideias. A coerência, como expusemos, consiste na relação lógica entre as ideias, informações, fatos e opiniões, que deverão ser fundamentadas com estratégias argumentativas. Em item específico nos deteremos ao estudo desses dois conceitos, que são extremamente importantes no desenvolvimento da redação.

2.4. Competência 4 – domínio dos recursos coesivos

A organização lógica de um texto depende do uso correto dos elementos coesivos, necessários para a boa articulação das ideias, a inter-relação entre orações, frases e parágrafos.

Uma revisão de preposições, conjunções, advérbios e locuções adverbiais será oferecida no **Capítulo 4**. Mas, por enquanto, o estudante precisa ter em mente a necessidade de saber utilizar corretamente o encadeamento que dará continuidade ao texto. Isto é, a progressão textual deverá ter a referenciação necessária para retomar ideias, fazer comparações, apresentar conclusões etc. Para tanto, uma revisão da aplicação de pronomes, advérbios e artigos também será necessária.

Os recursos coesivos são usados para o estabelecimento de relações de sentido entre as partes de um texto, uma vez que são os responsáveis por ligar termos, orações e parágrafos, garantindo a progressão temática. A quebra da continuidade temática ocorre quando não se faz a correlação entre partes do texto. A sensação que o leitor pode ter é que o assunto passou a ser outro. Vamos observar os seis níveis de desempenho que serão utilizados para avaliar a Competência 4.

200 pontos	Articula bem as partes do texto e apresenta repertório diversificado de recursos coesivos.
160 pontos	Articula as partes do texto com poucas inadequações e apresenta repertório diversificado de recursos coesivos.
120 pontos	Articula as partes do texto, de forma mediana, com inadequações e apresenta repertório pouco diversificado de recursos coesivos.
80 pontos	Articula as partes do texto, de forma insuficiente, com muitas inadequações e apresenta repertório limitado de recursos coesivos.
40 pontos	Articula as partes do texto de forma precária.
0 ponto	Ausência de marcas de articulação, resultando em fragmentação das ideias.

Fonte: *Guia do Participante*: A redação no Enem 2013.

O repertório diversificado de recursos de conexão será visto nos **Capítulos 3** e **4**, que tratará de preposições, advérbios, conjunções e locuções. Por exemplo, para fazer comparações ou demonstrar conformidade o estudante poderá usar "como", "consoante", "segundo", "da mesma forma", "sob o mesmo ponto de vista", "tal qual", "bem como", "tal que", "tanto quanto", entre várias outros elementos coesivos sequenciais.

A articulação de partes do texto também propiciará ao participante obter a pontuação máxima nesse quesito da redação do Enem. Dentro de um texto, as partes que o formam devem se integrar e se explicar de forma recíproca. Segundo Elisa Guimarães (2011, p. 14), o sentido da palavra "texto" é bastante amplo, podendo designar "um enunciado qualquer, oral ou escrito, longo ou breve, antigo ou moderno". Uma redação coesa precisa conectar um fragmento, uma frase, um verbo e essa reunião com mais algumas formas de enunciação proporcionará objetividade para que a sua compreensão seja fácil e clara. A clareza de ideias permite interpretar melhor o texto, proporcionando uma articulação de elementos adequada.

De acordo com essa autora, a redação deve apresentar um enunciado e um conjunto de informações ordenado, isto é, obedecer aos critérios da semântica e da sintaxe. É fundamental haver estrutura sintática e organização semântica, ou seja, o texto precisa levar em consideração tanto a sua forma quanto o seu sentido. No âmbito sintático, as estruturas devem manter relações de equivalência ou de hierarquia, ou seja, de coordenação ou de subordinação. Já no campo semântico, a preocupação deve ser com o sentido do texto, uma vez que ele deve, obrigatoriamente, estar inserido em um contexto relacionado com o tema proposto pela banca organizadora do Enem, e não pode ser uma simples sucessão de frases. É necessário que as ideias apresentadas na redação tenham relações lógicas entre o tema e o ponto de vista defendido.

2.5. Competência 5 – proposta de intervenção relacionada ao tema

Depois de ter elaborado a tese, redigido o parágrafo introdutório e desenvolvido a argumentação, o último quesito da redação que será avaliado é a apresentação de uma proposta de intervenção para o problema abordado.

É importante destacar que a proposta deve retomar as ideias apresentadas na argumentação, manter relação com a tese desenvolvida no texto e coerência com os argumentos utilizados, uma vez que trará possíveis soluções para a questão discutida. É imprescindível que a intervenção respeite os direitos humanos, isto é, valores como cidadania, liberdade, solidariedade e diversidade cultural.

Vale lembrar que a razão é um dos meios pelo qual podemos propor soluções de causa e efeito. Uma boa maneira de retomar a tese e a argumentação desenvolvida para o fechamento da redação é usar uma frase como “levando-se em consideração os aspectos analisados...”, antes de oferecer uma proposta de intervenção para o problema em debate.

Observe os seis níveis de desempenho que serão utilizados para avaliar a Competência 5.

200 pontos	Elabora muito bem proposta de intervenção, detalhada, relacionada ao tema e articulada à discussão desenvolvida no texto.

160 pontos	Elabora bem a proposta de intervenção relacionada ao tema e articulada à discussão desenvolvida no texto.
120 pontos	Elabora, de forma mediana, proposta de intervenção relacionada ao tema e articulada à discussão desenvolvida no texto.
80 pontos	Elabora, de forma insuficiente, proposta de intervenção relacionada ao tema ou não articulada com a discussão desenvolvida no texto.
40 pontos	Apresenta proposta de intervenção vaga, precária ou relacionada apenas ao assunto.
0 ponto	Não apresenta proposta de intervenção ou apresenta proposta não relacionada ao tema ou ao assunto.

Fonte: *Guia do Participante*: A redação no Enem 2013.

Para a aquisição das cinco competências é necessário estudo, mas também é preciso haver muita prática. Se a prática leva à perfeição, vamos treinar e verificar muitos exemplos de redações que obtiveram a nota máxima no Enem. Este curso pretende aliar a teoria à prática, mas o leitor precisará dedicar várias horas de seu tempo para revisar conceitos, relembrar a gramática normativa e redigir as propostas que apresentaremos ao longo da obra.

A psicóloga alemã Gabriele Oettingen[5], professora da Universidade de Nova York e da Universidade de Hamburgo, publicou um livro após pesquisar durante 20 anos, no qual afirma que o caminho para alcançar uma meta não é esperar que ela se realize em um passe de mágica, mas trabalhar duro. Com o título *Rethinking Positive Thinking* (Editora Current/Penguin Group), em tradução livre "Repensando o Pensamento Positivo", a autora explica que, além do otimismo é necessário juntar os obstáculos da realidade e trabalhar duro para que sejam superados.

Para obter a nota máxima na redação do Enem é preciso muito estudo e também muita prática. A estudante sergipana Lorena Barreto Araújo[6] foi

5. Disponível em: <http://veja.abril.com.br/noticia/ciencia/o-pensamento-positivo-impede-que-nossos-maiores-sonhos-sejam-realizados?fb_action_ids=1060564820627750&fb_action_types=og.recommends>. Acesso em: 25 jan. 2015.

6. Disponível em: <http://educacao.uol.com.br/noticias/2015/01/15/tecnica-e-treino-sao-segredos-para-redacao-diz-aluna-nota-mil-no-enem.htm>. Acesso em: 25 jan. 2015.

uma entre os 250 estudantes que obtiveram nota 1.000 no Enem 2014. Ela declarou que somente com muita técnica e também com muita prática uma pessoa pode alcançar o objetivo.

Lorena disse ainda que o tema da redação do Enem 2014 – "Publicidade infantil em questão no Brasil" – foi bastante incomum. Ela acredita que a técnica adotada e o treino durante os dois anos de preparação ajudou.

Passaremos a estudar primeiro como uma pessoa pode compreender melhor os textos e interpretá-los, já que antes de começar a produzir a redação dissertativa-argumentativa o participante do Enem terá de ler trechos de notícias, recortes de artigos de opinião, tirinhas, charges e outros tipos textuais apresentados na prova, que servirão de apoio para a formulação de sua tese, a construção da argumentação em defesa do ponto de vista e ainda para a formulação da proposta de intervenção para a problemática apresentada, itens obrigatórios no exame.

Capítulo 3

Revisão de Gramática para o Enem

Além dos requisitos de ordem textual, como coesão, coerência, sequenciação e informatividade, a produção de um texto dissertativo-argumentativo exige ainda o domínio de regras gramaticais, uma vez que essa tipologia requer o domínio da língua culta.

Apresentaremos somente alguns resumos práticos e exemplos de construção de frases e orações, de modo que o leitor tenha algum subsídio. No entanto, um estudante que terá de praticar a escrita para a finalidade exclusiva de elaborar a redação do Enem precisa reunir os conhecimentos da gramática da Língua Portuguesa estudados durante toda a formação, desde o ensino fundamental até a conclusão do ensino médio.

Ressaltamos a importância da Literatura Clássica, que tanto é inserida em listas de leitura obrigatória de vestibulares, como também usada como referência em questões da prova de Linguagens e Códigos do Enem. O estudante não deve se preocupar com a memorização de regras gramaticais, em vista de a Língua Portuguesa ter mais exceções do que regras. Antes, deve focar na boa colocação de termos e no estilo. Obviamente, não deve usar a forma coloquial ou gírias. A criatividade pode fazer a diferença.

Por exemplo, em uma sentença em que o participante do Enem quiser expor que um determinado político foi apanhado em situação considerada antiética, não deveria usar "testemunhas viram ele", mas sim "testemunhas o viram". No entanto, se a construção for "o parlamentar foi visto por testemunhas" ou simplesmente "viram o deputado..." também não haverá erro gramatical que reduza a nota conferida pelos avaliadores.

Aliás, essa polêmica a respeito de falhas de concordância, de acentuação ou de grafia em redações que obtiveram nota máxima no Enem, mesmo apresentando erros, tem frequentado os noticiários em diversas edições do exame.

O Instituto Nacional de Estudos e Pesquisas Educacionais (Inep) já se pronunciou, ao afirmar que "um texto pode apresentar eventuais erros de grafia, mas pode ser rico em sua organização sintática, revelando um excelente domínio das estruturas da Língua Portuguesa.". Entretanto, para o estudante que está se esforçando para conseguir uma vaga em universidade federal é melhor aprender as regras gramaticais e ainda verificar a correta utilização da norma culta por meio da leitura.

Mesmo que o Ministério da Educação tenha explicado que analisa o texto como um todo e que, apesar de pequenos desvios gramaticais o que importa é o participante do Enem ter um "excelente domínio da estrutura da Língua Portuguesa" a obediência às regras gramaticais é um requisito gravado no edital do exame.

A expressão "pequenos desvios" pode ser vista como eufemismo para "erro", dependendo do avaliador. Então, antes prevenir do que remediar é um ditado válido para quem não pode arriscar a chance de ingressar na universidade pública e gratuita. Afinal, ninguém vai querer aguardar mais um ano para ter uma oportunidade de conseguir a sonhada vaga.

Porém, antes de verificarmos alguns detalhes da gramática normativa, vale lembrar que a sequência do discurso é que as letras formam sílabas, que formam palavras, depois frases, então orações, que por sua vez formam períodos que formam o discurso. Segundo a definição de um dos mais respeitados filólogos e gramáticos brasileiros, o professor Napoleão Mendes de Almeida (1911-1998), "a reunião de termos, isto é, de palavras enquanto expressam uma ideia, forma a frase ou locução, que virá a ser a expressão do pensamento. A frase constitui, pois, o elemento fundamental da linguagem".

Portanto, na redação do Enem o registro da modalidade escrita da Língua Portuguesa precisa seguir determinados critérios. A primeira competência avaliada na prova exige o domínio de três requisitos imprescindíveis:

a) ausência de marcas de oralidade e de registro informal;

b) precisão vocabular;

c) obediência às regras gramaticais.

Vamos ver cada um desses três critérios usados pelos avaliadores para conferir nota ao texto dissertativo-argumentativo.

a) Ausência de marcas de oralidade e de registro informal

A fala é anterior à escrita. Enquanto a fala é desenvolvida por um processo natural de aprendizagem, a escrita é adquirida por meio de estudo. Falar e escrever são processos diferentes e exigem condições de produção específicas. Na produção de texto do tipo dissertativo-argumentativo não se deve escrever da maneira como falamos. Apesar de a oralidade exercer papel fundamental na comunicação, seja ela verbal, corporal ou não verbal, uma vez que é por meio dela que podemos dizer alguma coisa para alguém de uma determinada forma e ainda em um determinado contexto, a escrita apresenta realidade diferente, com uma relevância própria.

Já vimos nas funções da linguagem que cada função consiste em um recurso específico para dar ênfase à mensagem, segundo a intenção do emissor. Trata-se da forma como cada indivíduo organiza sua fala, dependendo daquilo que quer transmitir. Já com a escrita essa mesma ênfase dada a uma mensagem é transmitida de acordo com a tipologia textual.

Por exemplo, um recurso expressivo da oralidade é a entonação, que além de construir sentido em uma leitura confere ainda coerência. Na escrita essa entonação deve ser apontada por meio da correta pontuação. Conforme afirmado na lição de Ingedore Villaça Koch (1995), "há uma escrita informal que se aproxima da fala e uma fala formal que se aproxima da escrita, dependendo da situação comunicativa". Tanto as marcas de oralidade como os registros informais devem ser evitados em uma redação porque os elementos da língua falada não transmitirão uma mensagem com a formalidade requerida pela tipologia textual exigida na redação do Enem.

A forma como um estudante escreve um e-mail ou uma mensagem no WhatsApp não é a mesma que usará para escrever uma carta ao diretor da escola, a qual exigirá certa formalidade. O participante do Enem precisa tomar todo o cuidado para não escrever um termo sequer com informalidade. Um dos mais usados na linguagem falada é "coisa". Portanto, a atenção para não deixar escapar uma "coisa dessas" na redação é fundamental. Então, gírias ou o registro de linguagem falada e termos informais não devem constar em uma redação na tipologia dissertativa-argumentativa.

b) Precisão vocabular

O emprego de vocábulos na linguagem técnica ou científica, que é o tipo dissertativo-argumentativo, tem de ser preciso e adequado. Em uma peça escrita entre profissionais do ramo jurídico, por exemplo, é fundamental que o advogado escreva com a maior precisão possível para um juiz compreender perfeitamente o que é solicitado. Uma determinada terminologia – o conjunto de palavras peculiares utilizadas na comunicação de uma área especializada, os termos técnicos de uma determinada ciência – pode nos ajudar a compreender o significado de precisão vocabular.

Se o magistrado receber uma petição com a terminologia imprecisa poderá responder que o cliente do advogado não tem o direito pleiteado. Uma frase que geralmente traz confusão é quando alguém que usar "de encontro a", que significa ir contra as expectativas do cliente. Para dizer a favor ou estar de acordo, o emissor precisa escrever "ir ao encontro de".

Quando alguém precisa escrever que uma certa atitude é oposta ao esperado deve usar o termo "ao contrário de" e não "diferente de". Um dos problemas mais comuns na escrita é quando o emissor escreve "ao invés de comprar pela internet preferiu adquirir o produto em uma loja no shopping" a mensagem não está precisa. O correto seria usar "em vez de", já que o ato era comprar. Se a intenção fosse transmitir uma mensagem de oposição, então poderia usar "ao invés". Por exemplo, "preferiu doar ao invés de vender".

O termo "mandato" também é comumente confundido com "mandado". Enquanto o primeiro significa delegação de poderes, autorização dada a uma pessoa para agir em nome de outra, ou ainda na política é o período de duração de um cargo eleitoral, o segundo quer dizer alguém que foi mandado, enviado ou que recebeu ordens. É a terminologia usada para se referir a uma ordem judicial ou a um despacho administrativo. Assim, o correto para um advogado escrever seria "o mandado de prisão temporária já foi expedido" e não "o mandato de prisão...".

A expressão "a nível de..." também não é correta. É mais adequado: "em termos..." ou "no âmbito...". Problema semelhante ocorre quando as pessoas usam vocábulos imprecisos. Um jornalista utilizou "vagas" para fazer referência aos cargos públicos. Então, noticiou que "mais de 80 vagas estão abertas na administração federal", quando deveria ter anunciado que o governo federal estaria oferecendo mais de 17 mil vagas reunidas em concursos para cerca de 80 diferentes cargos públicos. Ou ainda poderia simplesmente ter dito que mais de 80 concursos estão com inscrições abertas e reúnem mais de 17 mil vagas em cargos de todos os níveis de escolaridade.

c) Obediência às regras gramaticais

Foi o filósofo Étienne Bonnot de Condillac (1715-1780) quem disse: "Vejo a gramática como a primeira parte da arte de pensar.". Condillac expôs a ideia de que a linguagem surge com intenção de clareza, mas acaba se tornando objeto de mistérios e em um terceiro momento é cultivada em função do embelezamento.

Na verdade, o filósofo estava discorrendo acerca da Antropologia, quando queria provar uma tese abordando como a linguagem foi criada. Mas para o nosso estudo podemos enxergar como usar a gramática para planejar o texto que será preciso produzir no Enem. Um grande problema que atinge os jovens estudantes que estão concluindo o ensino médio na hora da prova de redação é dar aquele famigerado "branco". Escrever apavora os participantes, em razão da insegurança em cometer erros gramaticais, fator que os levará a tirar uma nota baixa. Esse temor praticamente paralisa a intenção de formular os argumentos e, consequentemente, retira dos participantes do Enem a clareza necessária na formulação da dissertação-argumentativa.

Para atender ao requisito de obediência às regras gramaticais é necessário ter conhecimentos variados de concordância, de regência, de pontuação, ortografia, acentuação, entre outros.

Por isso, acreditamos ser interessante acrescentar alguns resumos para uma revisão bastante breve.

3.1. Classes gramaticais

A forma de classificação da palavra segundo seu significado e função é fundamental para o estudo de nossa língua, que contempla 10 classes, sendo seis variáveis e quatro invariáveis, isto é, que não se flexionam.

Classes gramaticais variáveis	
Substantivo	Dá nome a seres, objetos, sentimentos e ideias.
Adjetivo	Confere características a substantivos, estejam eles explícitos ou subentendidos na frase.
Artigo	Serve para particularizar ou generalizar um substantivo.
Pronome	Usado para substituir ou acompanhar outras palavras, além de retomar palavras expressadas anteriormente, conferindo coesão ao texto.
Numeral	Expressa quantidades.
Verbo	Usado para expressar ação, mudança de estado ou fenômenos da natureza, desejo e existência.

Classes gramaticais invariáveis	
Advérbio	Empregado para indicar as circunstâncias nas quais se dá uma ação verbal.

Preposição	Usada para ligar as palavras, de modo que o sentido da palavra posterior seja complementado pela anteriormente expressada.
Conjunção	Estabelece uma relação entre palavras.
Interjeição	Reflete emoções, sentimentos, sensações e estados de espírito.

Flexão de Nomes

Nome ou substantivo é toda a palavra que designa ser, coisa, sentimento, ideia ou substância. Os substantivos biformes são as palavras que apresentam uma forma para o masculino e outra para o feminino. Já os substantivos uniformes possuem forma única tanto para o masculino como para o feminino e são classificados em:

a) **epicenos**: indicam o gênero por meio da utilização das palavras "macho" e "fêmea";

b) **sobrecomuns**: com uma só forma tanto para o masculino como para o feminino;

c) **comuns de dois gêneros**: fazem a distinção do substantivo por meio de artigo, adjetivo ou pronome. Esse último também apresenta uma só forma para o masculino e para o feminino.

Plural dos substantivos simples

Existem várias regras para colocar substantivos no plural, de acordo com sua terminação. Confira as principais:

Vogal: os substantivos simples terminados em vogal recebem o "s". Ex.: caneta(s).

Já os terminados em "ão", "al", "el", "ol" ou "ul" e ainda "il" têm regras distintas.

ão: recebem "ãos", "ões" ou "ães". Ex.: cidadão (cidadãos), questão (questões), pão (pães);

al, el, ol ou ul: troca-se o "l" por "is". Ex.: portal (portais), papel (papéis). Mas, cuidado, existem exceções: mal (males), cônsul (consules);

il: troca-se por "is". Ex.: barril (barris).

Plural dos substantivos compostos

É preciso analisar os elementos que o formam individualmente. Por exemplo, "cachorro-quente" é uma palavra composta por dois substantivos, então seu plural será "cachorros-quentes". Já o substantivo "beija-flor", que é composto por um verbo e um substantivo, ficará "beija-flores" no plural. Há ainda substantivos compostos sem hífen, como passatempo/passatempos, e alguns cuja flexão se dá com a utilização de artigos (os sem-teto).

Veja as regras de flexão dos substantivos:

a) Os dois substantivos que formam a palavra serão flexionados, quando formados por:

substantivo + substantivo = onça-pintada/onças-pintadas

substantivo + adjetivo = obra-prima/obras-primas

adjetivo + substantivo = má-lingua/más-línguas

numeral + substantivo = segunda-feira/segundas-feiras

b) Apenas o segundo elemento será flexionado, quando a palavra for formada por:

verbo + substantivo = bate-papo/bate-papos

palavra invariável + palavra variável = alto-falante/alto-falantes

palavras repetidas = quebra-quebra/quebra-quebras

Alguns gramáticos defendem a flexão dos dois componentes nos substantivos compostos com dois verbos repetidos. Isso significa que "quebra-quebras" também poderia ter sido registrado como "quebras-quebras".

c) Não serão flexionados os substantivos compostos, quando formados por:

verbo + advérbio = o bota-fora/os bota-fora

verbo + substantivo no plural = o saca-rolhas/os saca-rolhas

d) Casos especiais:

Os dois elementos serão flexionados quando forem substantivos, adjetivos ou numerais.

água-viva/águas-vivas

aluno-mestre/alunos-mestres

Adjetivo

Palavra que acompanha um substantivo e serve para caracterizá-lo por qualidade, estado ou modo de ser. É por meio dos adjetivos que diferenciamos as coisas, tais como uma prova fácil de uma prova difícil. Eles são flexionados em gênero, número e grau.

Gênero

Os adjetivos variam em gênero masculino e feminino e classificam-se em biformes e uniformes.

a) **biformes** possuem uma forma para o feminino e outra para o masculino: estudioso/estudiosa. Os que terminam em "ês", "or" e "u", normalmente, têm a forma feminina pela terminação "a": francês/francesa. Os terminados em "ão" recebem o final "ã", "ona" e "oa": anão/anã, brincalhão/brincalhona. Já os constituídos da terminação "eu" têm sua forma feminina formada por "eia": europeu/europeia.

b) **Uniformes** possuem uma única forma. Ex.: *o patriota/a patriota.*

Número

Flexão diferente para simples e compostos.

a) **simples**: amargo/amargos, igual/iguais, viril/viris.

b) **compostos**: podem ser formados por dois adjetivos, caso em que só o último é flexionado (verde-escura/verde-escuras), mas também podem ser formados por adjetivo + substantivo e, nesse caso, são invariáveis: calça azul-celeste/calças azul-celeste.

Grau

O grau dos adjetivos é usado para caracterizar intensidades das qualidades dos substantivos. Podem ser classificados como comparativos e superlativos.

Observe o quadro a seguir:

Adjetivo comparativo	
Igualdade	Compara uma mesma qualidade. Ex.: *A rosa é tão **bonita** quanto a violeta.*

Superioridade	Compara e ressalta uma qualidade superior. São divididos em analíticos e sintéticos: • analítico: *A rosa é mais **cheirosa** do que a violeta.* • sintético: *A pétala da rosa é **menor** do que a violeta.*
Inferioridade	Compara e ressalta uma qualidade inferior: *A violeta é menos **perfumada** que a rosa.*

Adjetivo superlativo	
Absoluto	• analítico: *Paulo é muito baixo.* • sintético: *Paulo é baixíssimo.*
Relativo	• analítico de superioridade: *Paulo é o mais baixo de todos.* • sintético de superioridade: *Paulo é o menor de todos.* • inferioridade: *Paulo é o menos alto de todos.*

Artigo

O artigo é colocado antes do substantivo para indicar o gênero (masculino e feminino) e o número (singular e plural), mantém relação de concordância. Os artigos se classificam em definidos e indefinidos.

• **definido** (o, a, os, as): especifica o substantivo que o acompanha. Ex.: *O meu professor prefere literatura.* (professor determinado, definido)

• **indefinido** (um, uma, uns, umas): generaliza o substantivo que o acompanha. Ex.: *Um professor prefere poesia.* (professor qualquer, indefinido)

Pronome

Exerce função nominal, variando em gênero, número e pessoa, que substitui ou acompanha um substantivo, indicando-o como pessoa do discurso. Ou seja, pode estabelecer relações entre as partes do discurso, isto é, retomar o que se disse anteriormente ou anunciando o que será dito a seguir, conforme já vimos nesta obra.

Colocação de pronomes

Em primeiro lugar, o estudante precisa saber distinguir entre os pronomes pessoais do caso reto (eu, tu, ele, nós, vós, eles), que exercem a função de sujeito da oração, e os pronomes pessoais oblíquos:

me, te, se, o, a, lhe, nos, vos, os, as, lhes

Ainda há necessidade de conhecer os pronomes oblíquos tônicos (possuem individualidade tônica):

mim, comigo; ti, contigo; ele(s), ela(s); si, consigo; nós, conosco; vós, convosco

Em seguida, reconhecer os pronomes substantivos demonstrativos:

o, a, os, as (= aquele, aquela, aqueles, aquilo,...)

A partir disso pode-se estudar a correta colocação dos pronomes átonos. De acordo com a posição dos pronomes oblíquos átonos o elemento é diferente, isto é, se vier antes do verbo é próclise, no meio do verbo é mesóclise e depois do verbo ênclise.

Próclise

A próclise é formada também com alguns elementos que a atraem, por exemplo, palavras negativas, advérbios e pronomes relativos.

Palavras negativas: nem, não, nunca, jamais.

*Nem **me convidou** para a festa.*

Advérbios: acolá, aí, aqui, lá, já.

*Aqui **se estuda** de verdade.*

Pronomes relativos: que, o qual, os quais.

*O professor de Filosofia, o qual **nos ensinou** as escolas filosóficas, prometeu revisar toda a matéria antes do exame.*

Entretanto, se a palavra negativa preceder um infinitivo não flexionado, então usamos a ênclise.

*Parei para não **machucá-lo**.*

Vejamos, então, os fatores de próclise.

Em frases exclamativas (começadas por palavras exclamativas) e optativas (desejo):

*Deus **te ajude**!*

Com conjunção subordinativa:

*Preciso que **me ajude** na prova.*

A elipse da conjunção não dispensa a próclise.

Quando passo e ***te vejo*** *meu dia é sempre belo.*

Com pronome ou palavras interrogativas.

Quem ***me ouvirá****?*

Por que ***se descuidou*** *tanto?*

Com pronome indefinido, demonstrativo e relativo.

Alguém ***me ensine*** *colocação pronominal.*

Isso ***te pertence****.*

Ela que ***se soltou*** *sozinha.*

Com advérbio, quando não for seguido de vírgula e com o numeral "ambos".

Aqui ***se pratica*** *redação.*

Aqui, ***pratica-se*** *redação.*

Ambos ***se olharam*** *e decidiram sair da sala.*

Mesóclise

Quando o verbo estiver no futuro do presente ou no futuro do pretérito o pronome oblíquo átono fica intercalado no verbo, formando a mesóclise.

Procurar-me-iam *caso pretendessem estudar de verdade.*

É uma forma incomum na língua falada. Se o verbo não estiver no início da frase, mas estiver conjugado nos tempos verbais mencionados, tanto podemos usar próclise quanto mesóclise.

Os avaliadores ***se entenderão*** ou *Os avaliadores* ***entender-se-ão****.*

A mesóclise é usada nos mesmos casos em que se usaria a próclise, desde que o verbo esteja nos tempos futuros (do presente e do pretérito). Se houver fator que determine a próclise, o pronome deverá ser colocado antes do verbo auxiliar ou depois da forma nominal:

Não ***lhe quero*** *ensinar* ou *não quero* ***ensinar-lhe****.*

Contudo, se a forma nominal do verbo for regida por preposição pode haver próclise ou ênclise:

Tenho de ***lhe dizer*** ou *tenho de* ***dizer-lhe****.*

Ênclise

É usada nos seguintes casos:

Quando o verbo iniciar a oração.

Exemplo:

Na frase "Levantem logo" (se – ênclise) o correto será "**Levantem-se** logo".

Com o verbo no imperativo afirmativo.

*Por favor, **entreguem-me** as provas com a identificação do aluno.*

A ênclise é obrigatória:

a) se a frase se inicia pelo verbo (***Entreguem-me** a redação. O tempo acabou*), ou

b) se a oração é subordinada reduzida de infinitivo (*Ao terminar o tempo, **entreguem-me** a prova.*).

IMPORTANTE: se o verbo não estiver no início da frase e não estiver conjugado no futuro do presente ou no futuro do pretérito podemos usar próclise ou ênclise.

Por exemplo:

*Os alunos **se esforçaram*** ou *Os alunos **esforçaram-se**.*

Numeral

Os numerais são palavras que modificam o substantivo, determinando a sua quantidade em números, múltiplos ou fração, ou mesmo a sua ordem em uma determinada sequência. Classificam-se em:

a) cardinal (1, 2, 3...);

b) ordinal (primeiro, segundo, terceiro...);

c) multiplicativo (dobro, duplo, triplo...);

d) fracionário (meio, metade, terço...).

Uma observação importante é que não se emprega artigo antes do numeral, a menos que o numeral anteceda substantivo.

Exemplos:

Todos sete tiraram a nota máxima na redação do Enem.

Todas as sete alunas dele tiraram a nota máxima na redação do Enem.

Contudo, vale lembrar que o pronome indefinido "todos" só se emprega de três em diante, uma vez que os termos "ambos" e "ambas" são usados no lugar de "dois" e "duas" e só dispensam o artigo que ordinariamente os segue quando não acompanhados por substantivo: *Ambos os alunos são estudiosos. Professor e aluno, ambos estiveram atentos ao prazo.*

3.2. Concordância

À adequação de uma palavra com outra ou outras a que esteja relacionada chamamos concordância. De acordo com Joaquim Mattoso Câmara Jr. (1904-1970): "Dá-se em gramática o nome de concordância a circunstância de um adjetivo variar em gênero e número de acordo com o substantivo a que se refere (concordância nominal) e à de um verbo variar em número e pessoa de acordo com seu sujeito (concordância verbal)" (CÂMARA JR., 1978).

Trata-se de um mecanismo por meio do qual uma palavra altera sua terminação, a fim de manter a harmonia de uma com a outra dentro da frase. Há a concordância verbal e a nominal. Na concordância verbal o verbo altera suas desinências para se ajustar em pessoa e número ao sujeito. Já na concordância nominal o nome (substantivo) é modificado para se adequar ao artigo, pronome, numeral ou adjetivo em gênero (masculino ou feminino) e em número (plural ou singular).

No primeiro capítulo de sua obra, intitulada *Manual de Expressão Oral e Escrita*, Mattoso Câmara Jr. aborda a importância da boa linguagem, ao discorrer que "a composição, a precisão lógica da exposição linguística importa, antes de tudo, no problema da composição, que consiste em bem ajustar e concatenar os pensamentos".

Para esse autor, antes de nos fazermos entender pelos outros, temos de nos entender primeiro a nós mesmos. No tocante à concordância, ele ressaltou que: "Em muitos, até, não vigora uma norma definitiva e fixa, e a tradição literária nos dá soluções divergentes conforme certos matizes de intenção, de harmonia ou de clareza, ou meras preferências subjetivas" (CÂMARA JR., 1977).

O que o saudoso professor pretendeu demonstrar sobre as dificuldades que qualquer pessoa encontra para gravar tantas regras e suas exceções tanto na concordância verbal, quanto na nominal é que os bons escritores apresentam soluções de concordância baseadas no estilo. Isso significa que em vez de decorar regras é bem melhor saber usá-las.

Por exemplo, há casos em que a concordância nominal tanto pode ser atrativa, ou seja, concordar com o mais próximo, quanto gramatical.

Vejamos:

Conheceram professor e aluna dedicada (atrativa).

Conheceram aluna e professor dedicado (atrativa).

Conheceram aluna e professor dedicados (gramatical).

Vamos ver mais regras de concordância nominal.

3.2.1. Concordância nominal

A concordância nominal é que determina se as palavras ficam no masculino ou no feminino, no singular ou no plural. É o estudo das relações entre um substantivo e um artigo, adjetivo, pronome ou numeral. Apesar de a regra geral ser apenas de o adjetivo, o pronome adjetivo, o artigo ou o numeral concordarem com o substantivo a que se referem em gênero e número, existem regras especiais.

Baseado em Roberto Melo Mesquita (2014) um breve estudo das regras especiais será apresentado.

1. Adjetivo + Substantivo + Substantivo

Concordará com o mais próximo:

Olhava desconsolado o lápis e o papel.

2. Substantivo + Substantivo + Adjetivo

A concordância pode ser feita de duas maneiras:

a) O adjetivo pode concordar com o substantivo mais próximo.

E os homens, e as coisas todas silenciosas. (Cecília Meireles)

b) O adjetivo pode ir para o plural, no mesmo gênero dos substantivos se estes tiverem o mesmo gênero.

Cadernos e apostilas desgastadas estavam em um canto da sala.

Porém, se os substantivos tiverem gêneros diferentes, prevalece o plural do gênero masculino.

Cadernos e livros desgastados estavam em um canto da sala.

Os adjetivos "mesmo", "próprio", "anexo", "incluso", "quite", "obrigado" concordam com o substantivo a que se referem em gênero e número.

Eles mesmos vieram pedir desculpas.

Elas próprias se condenaram.

Seguem anexos os pedidos de hoje.

Envio-lhe inclusas as notas.

Os rapazes estão quites com o serviço militar?

Muito obrigada! - disse-me ela mesma.

Muito obrigado! - disse-me o próprio rapaz.

Quando o termo "anexo" vier precedido da preposição "em", torna-se advérbio, portanto, será invariável.

Envio-lhe em anexo os pedidos do dia.

Envio-lhe em anexo a carta registrada.

Os advérbios "menos" e "alerta" são invariáveis.

Tenho menos chances que minha colega.

Os estudantes estavam alerta por causa do horário de verão.

As palavras "bastante" e "meio" variam quando empregadas como adjetivo. Permanecem invariáveis quando empregadas como advérbio.

Há bastantes razões para estudar gramática.

Estou bastante confiante para a prova.

É meio dia e meia.

Ando meio ansioso pelo vestibular.

As expressões "é proibido", "é necessário", "é bom", "é preciso" são invariáveis se o sujeito não estiver determinado por artigo:

É proibido estacionar bicicletas.

Literatura é bom.

É necessário paciência.

É preciso coragem.

Porém, são variáveis e concordam em gênero e número com o sujeito, se estiver determinado por artigo: *É proibida a saída de alunos durante as aulas.*

"Um e outro" / "Nem um nem outro" + Substantivo

Quando as expressões "um e outro" e "nem um nem outro" são seguidas de um substantivo, este permanece no singular.

Um e outro aspecto.

Nem um nem outro argumento.

De um e outro lado.

"Um e outro" + Substantivo + Adjetivo

Quando um substantivo e um adjetivo vêm depois da expressão "um e outro", o substantivo vai para o singular e o adjetivo para o plural.

Um e outro aspecto obscuros.

Uma e outra causa juntas.

"Só" / "Sós"

Essa palavra concordará com o elemento a que se refere, quando significar "sozinho(s)", "sozinha(s)", mas ficará invariável, quando significar "apenas", "somente". A locução "a sós" é sempre invariável.

Só as alunas queriam estudar sós; os meninos queriam a companhia delas.

Prefiro ficar a sós.

A concordância do adjetivo com o último substantivo será obrigatória em alguns casos.

1. Quando o sentido assim o exigir.

Traga-me um livro e uma apostila nova.

2. Quando os substantivos forem sinônimos.

Falta mais coragem ao povo e à gente brasileira.

Ele passou por ansiedade e sofrimento demasiado.

3. Quando os substantivos estiverem no plural.

Eles estão sempre com os corações e as casas abertas.

Quando os substantivos expressarem nomes próprios ou grau de parentesco, o adjetivo irá obrigatoriamente para o plural.

Haverá uma homenagem aos ilustres Drummond e Bandeira.

Encontrei ontem seus simpáticos sogro e sogra.

3.2.2. Concordância verbal

O estudo da concordância verbal é, basicamente, o estudo do sujeito, pois o verbo deve concordar sempre com ele. Como regra geral, se o sujeito estiver no singular o verbo também deve estar no singular. Se o sujeito estiver no plural, então o verbo deverá ser flexionado e ser usado no plural. Em suma, a concordância verbal faz com que o verbo concorde com o sujeito em número e pessoa.

Para saber se o verbo deve ficar no singular ou no plural basta encontrar o sujeito. Ao perguntar ao verbo "o que" ou "quem" pratica ou sofre a ação, ou ainda o que ou quem possui a qualidade, a resposta indicará o sujeito e como o verbo deverá ficar. Observe o exemplo: *Os professores da escola são excelentes.* A frase tem como sujeito "professores da escola", cujo núcleo é "professores", pois eles é que são "excelentes". Portanto, o verbo "ser" fica no plural (são).

Já quando o sujeito é composto sua identificação pode ser um pouco mais difícil, por exemplo, se ele vem antes ou depois do verbo. A gramática convive com algumas regras duplas.

Veja os exemplos:

Sujeito composto antes do verbo – verbo no plural.

O professor e o aluno adoram literatura.

Sujeito composto após o verbo – verbo concordará com o núcleo do sujeito, mas poderá também concordar com o sujeito que estiver mais próximo ao verbo.

Adora literatura o professor e o aluno.

Adoram literatura o professor e o aluno.

Se o sujeito composto for formado por pessoas diferentes a primeira pessoa prevalece sobre a segunda e a terceira.

Eu, tu e eles somos nordestinos.

Tu e eles viajastes ao nordeste.

Pronomes relativos

Em orações em que o pronome relativo exercer a função de sujeito é preciso analisar alguns pormenores.

a) **Pronome relativo "que":** o verbo concordará com o elemento antecedente.

Fui eu que passei em primeiro lugar. (Eu passei em primeiro lugar)

Fomos nós que gabaritamos a prova. (Nós gabaritamos a prova)

b) **Pronome relativo "quem":** o verbo fica na terceira pessoa do singular ou concorda com o seu antecedente, ou seja, é flexionado de acordo com o sujeito.

Fui eu quem gabaritou a prova.

Fomos nós quem respondemos às questões.

Conjunção

Com elementos ligados pela conjunção "ou":

a) Se a conjunção cria relação de exclusividade, o verbo fica no singular.

Marcos ou Paula será nomeada amanhã.

b) Se a conjunção não cria relação de exclusividade, o verbo vai para o plural.

Estudar ou memorizar exigem bastante esforço mental.

Coletivo

Quando o sujeito for um substantivo coletivo, por exemplo, "bando", "multidão", "matilha" ou uma palavra no singular que indique diversos elementos, como "maioria" ou "minoria" poderão ocorrer três circunstâncias:

a) O coletivo funciona como sujeito e o verbo ficará no singular.

A multidão protestou contra as falhas na prova.

b) O coletivo funciona como sujeito e o verbo poderá ficar no singular ou no plural.

A multidão de estudantes protestou / protestaram contra as falhas na prova.

c) O coletivo funciona como sujeito, sem acompanhamento de restritivo, e se encontra distante do verbo. Nesse caso, o verbo tanto poderá ficar no singular, quanto no plural.

A multidão, após a prova, protestou / protestaram contra as falhas.

Com um milhão, um bilhão ou um trilhão, o verbo deverá ficar no singular. Caso surja a conjunção "e", o verbo ficará no plural.

Um milhão de estudantes participou do protesto.

O verbo concorda com o sujeito quando ele é um número expresso em porcentagem, sem especificação.

Um por cento não participou do protesto.

Noventa por cento não participaram do protesto.

Quando o sujeito for iniciado por “mais de”, cerca de”, “menos de” o verbo concordará com o numeral que vier imediatamente à frente.

Mais de um estudante se machucou na manifestação.

Menos de quinze estudantes chegaram na hora marcada.

Cerca de duzentos mil estudantes participaram da ação.

Quando os núcleos do sujeito são palavras que pertencem ao mesmo grupo significativo o verbo fica no singular.

Alegria e felicidade nos acompanha constantemente.

Quando houver um nome próprio usado apenas no plural deve-se analisar o elemento a que ele se refere.

a) Se for nome de obra o verbo poderá ficar no singular ou no plural.

Os Lusíadas imortalizou / imortalizaram Camões.

b) Se for nome de lugar, como de cidade ou estado, o verbo concordará com o artigo. Se não houver artigo o verbo ficará no singular.

Os Estados Unidos comandam o mundo.

Bauru fica em São Paulo.

Obs.: se o nome de lugar possuir artigo, mas este, por alguma razão, não for utilizado, então a concordância com o artigo permanecerá sendo a regra, ou seja, o verbo continuará concordando com o artigo. Ex.: *EUA vencem o México na oitavas de final da Copa do Mundo.*

Quando o sujeito apresentar as expressões “de nós” ou “de vocês”, deve-se analisar o elemento que surgir antes dessas expressões:

a) Se o elemento estiver no singular (qual, quem, cada um, alguém, algum) o verbo ficará no singular.

Quem de nós irá conquistar a vaga?

Cada um de vocês deve prestar o Enem.

b) Se o elemento estiver no plural (quais, alguns, muitos) o verbo poderá ficar na terceira pessoa do plural ou concordar com o pronome "nós".

Quantos de nós irão / iremos conquistar a vaga?

Em uma oração com sujeito composto resumido por um sujeito indefinido o verbo concordará com o indefinido.

Tudo, jornais, revistas, TV, só trazia notícias da manifestação.

Para os pronomes de tratamento deve-se deixar o verbo na terceira pessoa do singular se o pronome estiver no singular. Caso o pronome de tratamento apareça no plural, então o verbo deverá ser flexionado para sua forma da terceira pessoa do plural. É preciso ter cuidado para não flexionar o verbo na segunda pessoa do plural (vós).

Observe o exemplo abaixo e julgue qual é a oração correta.

"Vossa Senhoria deseja descansar agora?" ou "Vossa Senhoria desejais descansar agora?".

A correta é a que flexionou o verbo na terceira pessoa do singular "deseja".

Mas, se o pronome de tratamento estiver no plural, o verbo ficará na terceira pessoa do plural.

"Vossas Excelências desejam."

Concordância dos verbos impessoais

O verbo "haver" é impessoal quando empregado com o sentido de "existir" ou "acontecer".

*Estive aqui **há** dez anos.*

O "há" presente na oração é o verbo "haver" e pode ser trocado por outro verbo.

*Estive aqui **faz** dez anos.*

Quando se diz "há muitos candidatos inscritos nesse concurso", conjuga-se o verbo "haver" na terceira pessoa do singular do presente do indicativo. Não foi feita a concordância do verbo "haver" com a palavra "candidatos" em razão de não dizermos "hão candidatos".

O verbo "haver", quando usado com o sentido de "existir", fica no singular. Já o verbo "existir" é flexionado: "Existem muitos candidatos inscritos nesse concurso".

A regra gramatical pode se tornar ainda mais complicada quando o verbo "haver" é usado no passado ou no futuro.

*Era difícil, já que **havia** mil candidatos por vaga.*

O verbo "haver" foi empregado com o sentido de "existir". Logo, está correta a versão com o verbo no passado e no singular. Vejamos a mesma oração com o emprego do verbo "existir".

Era difícil, já que existiam mil candidatos por vaga.

O verbo "existir" foi flexionado na terceira pessoa do plural, e "mil candidatos por vaga" é um sujeito plural. Já no caso da oração com o verbo "haver", "mil candidatos por vaga" não é sujeito plural, mas, sim, objeto direto.

LEMBRETE: o verbo "haver", quando empregado com o sentido de "existir", "ocorrer" e "acontecer" fica no singular, independentemente do tempo verbal. É preciso tomar cuidado para não cometer erro quando o verbo "haver" estiver funcionando como auxiliar de outro verbo, pois, nesse caso, ele deve concordar normalmente com seu sujeito.

Os candidatos já haviam entrado quando ele chegou.

Verbo + pronome "se"

Os verbos transitivos diretos ou os transitivos diretos e indiretos, quando apassivados pelo pronome "se" concordam com o sujeito. Uma boa maneira de se comprovar que a oração está na voz passiva sintética é passá-la para a voz passiva analítica. Assim, a concordância do verbo com o sujeito ficará bem clara.

Vendem-se livros e apostilas. (livros e apostilas são vendidos).

Divulgaram-se os gabaritos. "Divulgaram-se" é verbo transitivo direto + pronome "se" e "os gabaritos" é sujeito.

Já em:

Os gabaritos foram divulgados. "Os gabaritos" é sujeito e "foram divulgados" é locução verbal.

Os demais verbos de ligação, intransitivo e transitivo indireto, quando seguidos do pronome "se" (índice de indeterminação do sujeito) ficam na terceira pessoa do singular.

Contrata-se professores de Matemática. "Contrata" é verbo transitivo indireto, "se" é índice de indeterminação do sujeito e "professores de Matemática" objeto indireto.

3.3. Regência nominal

Regência nominal é a relação existente entre um nome (substantivo, adjetivo ou advérbio) e os termos regidos por esse nome. Essa relação é sempre intermediada por uma preposição. Deve-se levar em conta que vários nomes apresentam exatamente o mesmo regime dos verbos de que derivam. Conhecer o regime de um verbo significa, nesses casos, conhecer o regime dos nomes cognatos. É o que ocorre, por exemplo, com "obedecer" e os nomes correspondentes: todos regem complementos introduzidos pela preposição "a".

Obedecer a algo/a alguém, obediência a algo/a alguém; obediente a algo/a alguém; obedientemente a algo/a alguém.

Como pudemos observar, a regência nominal correta depende do conhecimento de preposições.

Inserimos algumas tabelas de nomes acompanhados da preposição ou preposições que regem nomes. Enquanto alguns nomes admitem apenas uma preposição na regência, outros admitem mais de uma.

Tinha grande amor à carreira.

Ela demonstrava amor por literatura.

Preposição

A classe das preposições é composta de palavras relacionais, pois intermediam uma relação entre dois itens da oração. De forma simplificada, pode-se dizer que as preposições atuam como uma ponte entre dois elementos da frase que, intercalados pela preposição, formam o que se chama de "conjunto preposicionado". Esse conjunto é composto de três elementos:

ANTECEDENTE + PREPOSIÇÃO + CONSEQUENTE

Observe o exemplo:

Curso	*de*	*redação.*
(Antecedente)	(Preposição)	(Consequente)

A preposição pode intermediar a relação entre um antecedente e dois consequentes, ou então, entre um consequente plural.

Ficou entre a cruz e a espada.

Preposições são palavras invariáveis, isto é, não sofrem flexão de gênero, número ou variação em grau como ocorre com os nomes, nem de pessoa, número, tempo, modo, aspecto e voz, como os verbos. No entanto, em diversas situações, as preposições se combinam a outras palavras da língua (fenômeno da contração) e, assim, estabelecem uma relação de concordância em gênero e número com essas palavras com as quais se ligam. Mesmo assim, não se trata de uma variação própria da preposição, mas sim da palavra com a qual ela se funde (ex.: de + o = do; por + a = pela; em + um = num).

Vejamos a classificação das preposições.

Essenciais	a, ante, após, até, com, contra, de, desde, em, entre, para, per, perante, por, sem, sob, sobre, trás, da (de+a), do (de+o)
Acidentais	durante, afora, menos, salvo, conforme, exceto, como, que

Substantivos

admiração a, por	aversão a, para, por
atentado a, contra	bacharel em
capacidade de, para	devoção a, para com, por
doutor em	dúvida acerca de, em, sobre
horror a	impaciência com
medo a, de	obediência a
ojeriza a, por	respeito a, com, para com, por

Adjetivos

acessível a	generoso com	acostumado a, com
contrário a	grato a, por	curioso de, por
hábil em	agradável a	descontente com
habituado a	alheio a, de	desejoso de

idêntico a	diferente de	impróprio para
ansioso de, para, por	entendido em	equivalente a
insensível a	benéfico a	essencial a, para
natural de	capaz de, para	fácil de
necessário a	compatível com	fanático por
nocivo a	favorável a	paralelo a
propício a	semelhante a	passível de
próximo a, de	sensível a	preferível a
relacionado com	prejudicial a	relativo a
suspeito de	prestes a	satisfeito com, de, em, por

Advérbios

longe de	perto de

Os advérbios terminados em "-mente" tendem a seguir a mesma regra dos adjetivos de que são formados: *paralela a / paralelamente a; relativa a / relativamente a.*

Os termos completam uns aos outros em uma oração, estabelecendo uma relação de dependência indicada por uma preposição (ligação indireta), ou mesmo pela posição dos termos no período (ligação direta).

Cada palavra pede seu complemento e rege sua preposição.

A professora fez referência (substantivo) *a esta obra* (complemento nominal).

(Quem faz referência, faz referência a alguma coisa)

Os alunos têm necessidade (substantivo) *de mais aulas práticas* (complemento nominal).

(Quem tem necessidade tem necessidade de alguma coisa)

É a relação de dependência entre o nome e o termo regido. Existem termos regentes (aqueles que exigem um complemento) e termos regidos (que completam a significação).

Interjeição

Interjeição é a palavra invariável com a qual exprimimos sentimentos e emoções. Observe alguns exemplos a seguir:

Alegria: Ah!; Oh!; Oba!; Ueba!

Advertência: Atenção!; Cuidado!

Alívio: Ufa!; Arre!

Animação: Coragem!; Avante!; Eia!

Desejo: Oxalá!; Tomara!

Dor: Ai!; Ui!

Espanto: Oh!; Chi!; Ué!; Barbaridade!; Uai!

Impaciência: Hum!; Hem!

Invocação: Ô!; Alô!; Olá!

Silêncio: Psiu!; Silêncio!

3.4. Regência verbal

A regência verbal é o estudo da relação que se estabelece entre os verbos e os termos que os complementam (objetos diretos e objetos indiretos) ou caracterizam (adjuntos adverbiais). Assim como na regência nominal um nome pode admitir diferentes preposições, na regência verbal o verbo também poderá se comportar como intransitivo, transitivo direto ou transitivo indireto.

A importância do domínio desse assunto consiste no fato de as regras de ocorrência ou não de crase depender da transitividade da regência verbal. Veremos a seguir o estudo do acento grave (crase).

Vamos ver alguns exemplos extraídos de regência verbal da obra de Douglas Tufano (2010).

Precisamos de ajuda / Confio em você.

O verbo "precisar" pede a preposição "de" (precisar de alguma coisa).

Essa é a regência de "precisar". O verbo "confiar" pede a preposição "em" (confiar em alguém). Essa é a regência de "confiar".

Esses são os amigos em quem confio.

Usamos "em" antes do pronome "quem" porque o verbo "confiar" pede a preposição "em" (confiar em alguém). Outros exemplos:

Esses são os livros de que gosto (gostar de).

Esse é o aluno a quem entreguei o livro (entregar a alguém).

Essa é a menina por quem me apaixonei (apaixonar-se por alguém).

Cuidado com o uso de "de que"

Só devemos usar "de que" se o verbo pedir a preposição "de". Caso contrário, o uso do "de" é errado. Observe um exemplo de uso incorreto: "Ele afirmou de que virá à reunião". Nesse caso, o "de" é desnecessário. O certo é dizer: "Ele afirmou que virá à reunião".

Outros exemplos:

Ele pensa que o projeto foi aprovado (e não "ele pensa de que o projeto foi aprovado")

Eles declararam que a situação está sob controle (e não "eles declararam de que a situação está sob controle").

3.5. Predicação verbal

À relação entre o sujeito e o verbo e entre os verbos e os complementos chamamos predicação verbal. Quanto à predicação, os verbos podem ser intransitivos, transitivos ou de ligação. Enquanto na relação gramatical que existe entre um verbo e seu complemento alguns verbos exigem preposição, outros verbos não precisam. Transitividade e intransitividade verbal dizem respeito ao fato de determinados verbos exigirem ou não complementos.

Tudo o que um estudante precisa saber é quando um determinado verbo precisa de complemento para que tenha sentido e quando ele tem sentido completo, sem necessidade de ser complementado.

O aluno estudou.

Temos o sujeito (aluno) e o predicado (estudou). Nesta frase o núcleo é o verbo "estudar", que é classificado como intransitivo em função de não ter necessidade de complemento para lhe conferir sentido. Sua ação não transita. Um verbo transitivo é aquele que, mesmo acrescentando outras informações que ampliam o significado, elas não seriam necessárias para que se compreenda a informação básica.

No caso de um verbo que vem acompanhado por complemento, por exemplo, "doar", pois quem doa, doa algo; ou "revelar", já que quem revela, revela algo a alguém, o sentido transita, isto é, segue adiante, precisa de complementos para ter sentido.

O aluno conheceu o novo professor.

"Conhecer" é verbo transitivo e "o novo professor" é o complemento verbal (objeto).

O verbo transitivo pode ser direto, quando o complemento vem ligado ao verbo diretamente, sem preposição obrigatória. E também pode ser indireto, quando o complemento vem ligado ao verbo indiretamente, com preposição obrigatória.

O aluno leu seu livro preferido (transitivo direto)

O aluno depende ***de*** *fontes confiáveis* (transitivo indireto, pois precisa da preposição "de").

Mas também há o verbo transitivo direto e indireto, aquele cuja ação transita para o complemento direta e indiretamente, ao mesmo tempo.

O professor explicou tudo ao aluno. (o uso da preposição "a" + o artigo "o" = "ao")

O verbo "explicar" é transitivo direto e indireto. Quem explica, explica alguma coisa a alguém.

Explicou alguma coisa = uma lição (sem preposição).

Explicou para alguém = ao aluno (com preposição).

Verbo de ligação

O verbo de ligação pode expressar:

a) estado permanente: ser, viver.

O aluno ***é*** *inteligente.*

b) estado transitório: estar, andar, achar-se, encontrar-se.

A professora não ***anda*** *nada bem.*

c) estado mutatório: ficar, virar, tornar-se, fazer-se.

*A diretora **ficou** furiosa.*

d) continuidade de estado: continuar, permanecer.

*Ela **permanece** zangada.*

e) estado aparente: parecer.

*Ela **parece** melhor hoje.*

3.6. Crase

Para uma revisão sobre o acento grave inserimos lições extraídas do *Manual de Redação e Estilo* do jornal O Estado de São Paulo, de autoria do jornalista Eduardo Martins.

A crase indica a fusão da preposição "a" com artigo "a":

João voltou à cidade natal. ("a" preposição + "a" artigo).

Os documentos foram apresentados às autoridades. ("a" preposição + "as" artigo).

Dessa forma, não existe crase antes de palavra masculina.

Vou a pé. / Andou a cavalo.

Regras práticas

Primeira – substitua a palavra antes da qual aparece o "a" ou "as" por um termo masculino. Se o "a" ou "as" se transformar em "ao" ou "aos" existe crase.

João voltou ao país natal.

Os documentos foram apresentados aos juízes.

Outros exemplos:

Atentas às modificações, as moças... (atentos aos processos, os moços...)

Junto à parede (junto ao muro).

No caso de nome geográfico ou de lugar substitua o "a" ou "as" por "para". Se o certo for "para a" use a crase:

Foi à França (foi para a França).

Irão à Colômbia (irão para a Colômbia).

Voltou a Curitiba (voltou para Curitiba, sem crase).

Pode-se ainda usar a forma "voltar de". Se o "de" se transformar em "da" há crase. Contudo, será inexistente se o "de" não se alterar.

Retornou à Argentina (voltou da Argentina).

Foi a Roma (voltou de Roma).

Segunda – a combinação de outras preposições com "a" (*para a, na, da, pela* e *com a*, principalmente) indica se o "a" ou "as" deve levar crase. Não é necessário que a frase alternativa tenha o mesmo sentido da original nem que a regência seja correta.

Emprestou o livro à amiga (para a amiga).

As visitas virão às 6 horas (pelas 6 horas).

Estava às portas da morte (nas portas).

À saída (na saída).

À falta de (na falta de, com a falta de).

Usa-se a crase ainda

a) Nas formas *àquela, àquele, àquelas, àqueles, àquilo* (e derivados):

Cheguei àquele (a + aquele) *lugar.*

Vou àquelas cidades.

Referiu-se àqueles livros.

Não deu importância àquilo.

b) Nas indicações de horas, desde que determinadas:

Chegou às 8 horas, às 10 horas, à 1 hora.

"Zero" e "meia" incluem-se na regra: *O aumento entra em vigor à zero hora.*

Veio à meia-noite em ponto.

A indeterminação afasta a crase.

Irá a uma hora qualquer.

Entretanto, quando a preposição empregada for "para", "desde", "após" ou "entre" não se usa crase, para que não haja uma superposição de preposições.

A prova está marcada para as 8 horas da manhã.

Desde as duas o professor ensinava.

A secretaria não receberá documentos após as 18 horas.

A diretoria estará fechada entre as 10 h e as 12 h.

No caso de frases com a preposição "até" a crase é facultativa.

A escola estará aberta até as 23 horas.

A escola estará aberta até às 23 horas.

c) Nas locuções adverbiais, prepositivas e conjuntivas como: *às pressas, às vezes, à risca, à noite, à direita, à esquerda, à frente, à maneira de, à moda de, à procura de, à mercê de, à custa de, à medida que, à proporção que, à força de, à espera de.*

Saiu às pressas.

Vive à custa do pai.

Estava à espera do irmão.

Sua tristeza aumentava à medida que os amigos partiam.

Serviu o filé à moda da casa.

d) Nas locuções que indicam meio ou instrumento e em outras nas quais a tradição linguística o exija, como: *à bala, à faca, à máquina, à chave, à vista, à venda, à toa, à tinta, à mão, à navalha, à espada, à baioneta calada, à queima-roupa, à fome* (matar à fome):

Morto à bala, à faca, à navalha.

Escrito à tinta, à mão, à máquina.

Pagamento à vista.

Produto à venda.

Andava à toa.

Observação: neste caso, não se pode usar a regra prática de substituir "a" por "ao".

e) Antes dos relativos "que", "qual" e "quais", quando o "a" ou "as" puderem ser substituídos por "ao" ou "aos".

Eis a moça à qual você se referiu (equivalente: eis o rapaz ao qual você se referiu).

Fez alusão às pesquisas às quais nos dedicamos (fez alusão aos trabalhos aos quais...).

É uma situação semelhante à que enfrentamos ontem (é um problema semelhante ao que...).

Não existirá crase após verbos transitivos diretos, já que não precisam de preposição para complementar o sentido.

Todos amavam a professora (verbo transitivo direto).

Todos obedeciam à professora (verbo transitivo indireto).

Também não se deve usar crase diante de pronomes pessoais e formas de tratamento.

Entreguei o documento a Vossa Excelência.

Ensinei matemática a ela.

Como a maioria das regras tem exceção, as formas "dona", "senhora" e "senhorita" aceitam crase, já que podem vir com artigo: "a senhora", "a senhorita".

Antes de verbos no infinitivo não há crase.

Começou a chover.

Não se usa a crase antes de palavra masculina: *andar a pé, pagamento a prazo, caminhadas a esmo, cheirar a suor, viajar a cavalo, vestir-se a caráter.*

Exceção: existe a crase quando se pode subentender uma palavra feminina, especialmente "moda" e "maneira", ou qualquer outra que determine um nome de empresa ou coisa.

Entre substantivos repetidos não se usa crase.

Cara a cara, frente a frente, gota a gota, de ponta a ponta.

Igualmente, a crase não é usada antes de pronomes "ela", "esta" e "essa:"

Pediram a ela que saísse.

Cheguei a esta conclusão.

Dedicou o livro a essa moça.

Do mesmo modo, não há crase antes de outros pronomes que não admitem artigo, como: "ninguém", "alguém", "toda", "cada", "tudo", "você", "alguma", "qual".

Se o verbo que rege esses pronomes exigir a preposição "a", haverá crase.

A professora à qual me refiro se formou em universidade federal.

O professor ao qual me refiro esteve na comissão avaliadora.

Se surgir "ao" com a troca do termo há crase.

Palavra feminina tomada em sentido genérico:

Não damos ouvidos a reclamações.

Em respeito a morte em família, faltou ao serviço.

Repare: "Em respeito a falecimento, e não ao falecimento."

Não me refiro a mulheres, mas a meninas.

Alguns casos são fáceis de identificar: se couber o indefinido "uma" antes da palavra feminina, não existirá crase. Assim:

A pena pode ir de (uma) *advertência a* (uma) *multa.*

Igreja reage a (uma) *ofensa de candidato em Guarulhos.*

As reportagens não estão necessariamente ligadas a (uma) *agenda.*

Fraude leva a (uma) *sonegação recorde.*

Empresa atribui goteira a (uma) *falha no sistema de refrigeração.*

Partido se rende a (uma) *política de alianças.*

Havendo determinação, porém, a crase é indispensável:

Morte de bebês leva à punição (ao castigo) *de médico.*

Superintendente admite ter cedido à pressão (ao desejo) *dos superiores.*

Antes de numerais considerados de forma indeterminada não ocorre a crase.

O número de mortos chegou a dez.

Nasceu a 8 de janeiro.

Fez uma visita a cinco empresas.

Com distância, desde que não determinada, não ocorre a crase.

A polícia ficou a distância.

Ensino a distância.

Mas quando se define a distância, então há crase, já que existe a preposição "de".

A polícia ficou à distância de seis metros dos manifestantes.

Com a palavra "terra", quando significar terra firme.

O navio estava chegando a terra.

O marinheiro foi a terra (não há artigo com outras preposições: viajou por terra. Esteve em terra.).

Nos demais significados da palavra, usa-se a crase:

Voltou à terra natal.

Os astronautas regressaram à Terra.

Com a palavra "casa", considerada como moradia.

Voltou a casa.

Chegou cedo a casa (veio de casa, voltou para casa, sem artigo). Se a palavra estiver determinada, existe crase.

Voltou à casa dos pais.

Iremos à Casa da Moeda.

Fez uma visita à Casa Branca.

3.7. Pontuação

Vamos verificar a importância da pontuação, que serve para registrar a entonação. O texto de Cláudia Silvia Fernandes e Marisa dos Santos Dourado (2002) é bastante criativo e nos leva a refletir sobre o emprego correto desses recursos gráficos usados na modalidade escrita da Língua Portuguesa.

O TESTAMENTO

Um homem rico, sentindo que estava morrendo, pediu o papel e a caneta e escreveu:

"Deixo os meus bens à minha irmã não ao meu sobrinho jamais será paga a conta ao alfaiate nada aos pobres."

Não teve tempo de pontuar e morreu.

Eram quatro os herdeiros.

Chegou o sobrinho e fez estas pontuações na cópia do bilhete:

"Deixo os meus bens à minha irmã? Não! Ao meu sobrinho. Jamais será paga a conta ao alfaiate. Nada aos pobres."

A irmã do morto chegou em seguida, com outra cópia do escrito, pontuada deste modo:

"Deixo os meus bens à minha irmã. Não ao meu sobrinho. Jamais será paga a conta ao alfaiate. Nada aos pobres."

Surgiu o alfaiate que, pedindo a cópia do original, fez estas pontuações:

"Deixo os meus bens à minha irmã? Não. Ao meu sobrinho? Jamais!

Será paga a conta ao alfaiate. Nada aos pobres."

O juiz estudava o caso quando chegaram os pobres da cidade; um deles mais sabido, tomando outra cópia, pontuou assim:

"Deixo os meus bens à minha irmã? Não! Ao meu sobrinho? Jamais! Será paga a conta ao alfaiate? Nada! Aos pobres!"

A pontuação pode fazer enorme diferença nas frases que escrevemos. Uma vírgula pode modificar o sentido do que intencionamos dizer ou até mesmo inverter a expressão de nossos desejos. Por isso, a pontuação sempre deve ser levada em consideração.

Veja as principais regras gramaticais para o uso correto da pontuação.

Vírgula

A vírgula representa a pausa ligeira da voz. É obrigatória para indicar o isolamento de expressão de valor meramente explicativo.

Não se usa vírgula para separar termos ligados diretamente entre si.

Não se separa sujeito e predicado com vírgula.

Todos os participantes do Enem fizeram a redação.

Não se usa vírgula entre o verbo e seus objetos.

A correção deu bastante trabalho aos avaliadores.

Não se usa vírgula entre nome e complemento nominal ou entre nome e adjunto adnominal.

A enorme quantidade de redações com nota zero demonstrou a dificuldade de escrever dos estudantes.

Contudo, se houver adjunto entre sujeito e predicado ou verbo e complemento, haverá vírgula.

Ao iniciar a prova todos se sentaram, começaram a escrever na folha de rascunho, passando a redação a limpo muito antes do esperado.

Vamos verificar os casos em que o emprego da vírgula é necessário:

a) separar elementos que exercem a mesma função sintática, quando não unidos por conjunção (e, ou, nem).

A União, os Estados, o Distrito Federal e os Municípios instituirão regime jurídico único para seus servidores.

A Floresta Amazônica brasileira, a Mata Atlântica, a Serra do Mar, o Pantanal Mato-Grossense e a Zona Costeira são patrimônio nacional.

Observações:

Para enumerar elementos a vírgula é usada para separá-los, quando há a repetição das conjunções "e", "ou" e "nem". Na falta de conjunções, ela é usada entre o elemento e o verbo (exceto quando este for "tudo", "nada" ou "equivalente").

Ou a União, ou os Estados, ou os Municípios arcarão com as consequências das decisões tomadas pelos parlamentares.

Nem os deputados, nem os ministros, nem os membros de Poder, nem os detentores de mandato eletivo receberão qualquer remuneração além do subsídio.

b) separar termos ou orações intercaladas ou antepostas.

Cabe ao Congresso Nacional, com a sanção do presidente da República, dispor sobre o plano plurianual.

Cabem à administração pública, na forma da lei, a gestão da documentação governamental e as providências para franquear suas consultas.

Observação: se o termo anteposto for curto, a vírgula pode ser dispensada, a menos que se queira realçá-lo.

Inesperadamente a Promotoria de Justiça da Cidadania decidiu reconvocar a testemunha.

c) isolar vocativo, aposto ou locução de valor explicativo.

Senhor Secretário, solicito a palavra para declarar meu voto.

d) destacar palavras ou expressões isoladas.

Compete ao Congresso Nacional, sim, dispor sobre o plano plurianual.

Ao Congresso Nacional, de fato, cabe a apreciação do plano plurianual.

e) indicar a supressão de uma palavra ou de um grupo de palavras.

Ao Supremo Tribunal Federal compete julgar a ação direta de inconstitucionalidade de lei ou ato normativo federal ou estadual, enquanto ao Procurador-Geral da República, propor a referida ação.

f) isolar palavras repetidas ou pleonasmos.

Já, já daremos início ao Primeiro Encontro Nacional do Meio Ambiente.

g) separar o nome do lugar em datas e endereços.

São Paulo, 21 de junho de 2004.

h) separar elementos paralelos de um provérbio.

Filha casada, pretendentes à porta.

Mocidade ociosa, velhice vergonhosa.

i) separar adjetivos que exercem função predicativa.

Agitado e nervoso, o funcionário declarou desconhecer os fatos que lhe eram imputados.

j) isolar as orações subordinadas adjetivas explicativas.

A Constituição, que é a Lei Maior do país, deve ser observada mesmo em questões estaduais ou municipais.

Observação:

Se a oração adjetiva for restritiva, não há pausa entre ela e o nome que qualifica. Exemplo:

A Constituição promulgada em 1934 introduziu o mandado de segurança e a ação popular no ordenamento jurídico brasileiro.

k) separar orações subordinadas adverbiais ou reduzidas de gerúndio, particípio ou infinitivo.

Quando chamado para se manifestar, compareceu prontamente.

Por ser contrário à viabilidade ambiental do empreendimento, o conselheiro pediu a palavra para declarar seu voto desfavorável.

l) separar orações coordenadas assindéticas.

Em sessão conjunta para inaugurar a sessão legislativa, elaborar o regimento, receber o compromisso do presidente, o Ministro da Economia esteve presente.

m) separar orações coordenadas sindéticas.

A Constituição Federal foi aprovada em 1988, mas foi substancialmente alterada no breve período de dez anos.

Observações:

Separam-se por vírgula as orações coordenadas pela conjunção "e" que têm sujeitos diferentes: *A Câmara levou nove anos apreciando o projeto de código, e o Senado, oito.*

Costuma-se separar por vírgula as orações introduzidas pela conjunção "e" quando esta vem reiterada. Observe: *O relator falava, e repetia, e voltava ao assunto inicial.*

As conjunções adversativas "porém", "todavia", "contudo", "entretanto" e "no entanto" podem vir no início da oração ou após um dos termos dela. No primeiro caso, emprega-se a vírgula antes dessas conjunções; no segundo, antes e depois. Já a conjunção "mas" só pode ser usada no início da oração e não admite vírgula depois.

O Conselheiro pode votar como quiser, mas precisa comparecer às votações.

O Conselheiro pode votar como quiser. Precisa, porém, comparecer às votações.

As conjunções conclusivas "logo", "portanto", "por conseguinte", "assim" podem encabeçar a oração ou aparecer após um dos seus termos. À semelhança das adversativas, elas são precedidas ou isoladas por vírgulas. Todavia, elas também aparecem no início de um período, quando devem se fazer seguir por vírgula. Já a conjunção conclusiva "pois" aparece sempre posposta a um termo da oração a que pertence e, por isso, entre vírgulas.

Importa-se demais com o bem-estar dos outros; é, pois, um altruísta.

Chegamos, portanto, à etapa final do trabalho.

Logo, não basta fornecer comida para acabar com a miséria: é preciso também oferecer emprego e acesso à escola.

n) separar da principal a oração subordinada concessiva ou condicional posposta.

Não reage com violência, ainda que o provoquem.

Todos queriam rejeitar o destaque, exceto quem o requereu.

Hífen

Ressaltamos que o Instituto Nacional de Estudos e Pesquisas Educacionais Anísio Teixeira (Inep) tornou clara a informação de que "a implantação definitiva do Acordo Ortográfico da Língua Portuguesa deveria ocorrer no Brasil a partir de 1º de janeiro de 2013, segundo decreto presidencial de 2008. No entanto, um novo decreto ampliou o período de transição até 31 de dezembro de 2015. Até lá, coexistirão a norma ortográfica atualmente em vigor e a nova norma estabelecida por meio do acordo". O Novo Acordo Ortográfico da Língua Portuguesa dedica três das 21 bases (tópicos) às modificações em relação ao uso do hífen, que segue empregado em compostos, locuções e encadeamentos vocabulares; nas formações por prefixação, recomposição e sufixação, bem como na ênclise, e mesóclise.

O hífen, ou traço de união, é um sinal com várias funções na escrita. É usado na composição de palavras que têm sentidos diferentes, como por exemplo: *amor perfeito*, para diferenciar de *amor-perfeito; copo de leite* para diferenciar de *copo-de-leite e sem vergonha* para diferenciar de *sem-vergonha.*

Veja a chave prática do uso do hífen elaborada por José Carlos Azeredo (2009) para o Instituto Antônio Houaiss.

Primeiro elemento				**Segundo elemento**
aero agro ('terra') alfa ante anti arqui auto beta bi bio contra di eletro entre	extra foto gama geo giga hetero hidro hipo homo ili/ilio infra intra iso lacto lipo	macro maxi mega meso micro mini mono morfo multi nefro neo neuro paleo peri pluri	poli proto pseudo psico retro semi sobre supra tele tetra tri ultra	a) iniciado por vogal igual à vogal final do 1º elemento b) iniciado por h

Primeiro elemento	Segundo elemento
ab ob sob sub	iniciado por b, h, r
co ('com')	iniciado por h
ciber inter super nuper hiper	iniciado por h, r
ad	iniciado por d, h, r
pan	a) iniciado por vogal b) iniciado por h, m, n [diante de **b** e **p** passa a pam]
circum	a) iniciado por vogal b) iniciado por h, m, n [aceita formas aglutinadas como circu e *circun*]
além aquém ex ("cessamento" ou "estado anterior") recém sem sota soto vice	qualquer (sempre)
pós pré pró	sempre que conservem autonomia vocabular

Observações:

a) Emprega-se o hífen, nas palavras compostas por sufixação, somente naquelas terminadas por sufixos de origem tupi-guarani, como *açu, guaçu* e *mirim*, quando o primeiro elemento termina em vogal acentuada graficamente ou quando a pronúncia exige a distinção gráfica dos dois elementos: *amoré-guaçu, anajá-mirim, capim-açu.*

b) Não se emprega o hífen em palavras cujo prefixo ou elemento antepositivo termina em vogal e o segundo elemento começa por "r" ou "s", que se duplicam: *antirreligioso, antissemita, contrarrega, cosseno, extrarregular, infrassom, minissaia; eletrossiderurgia, microssistema, microrradiografia.*

c) Não se emprega o hífen em palavras cujo prefixo ou elemento antepositivo termina em vogal e o segundo elemento começa por vogal diferente: *antiaéreo, coeducação, extraescolar, aeroespacial, autoestrada, agroindustrial, hidroelétrico*.

d) *euro, indo, sino, franco, anglo, luso, afro, ásio* etc. escrevem-se sem hífen quando funcionam adjetivamente como elemento mórfico (*eurocomunista, afrolatria, francofonia, sinofilia, lusofilia*); quando se trata da soma de duas ou mais identidades, o hífen tem de ser empregado: *euro-africano, euro-afro-americano, indo-português, anglo-americano, franco-suíço, sino-japonês, ásio-europeu*.

e) No caso de "bem", sugerimos manter as formas que os dicionários registram habitualmente, e só fazer alterações nas palavras que o texto do Acordo citou, estendendo, então, essa ortografia aos seus cognatos: *benfazejo* (benfazer), *benfeito, benfeitor, benquerença* (benquerer, benquerido). No caso de "mal", o Acordo diz que pode aglutinar-se ou não. Fiquemos, pois, com a tradição lexicográfica. "Mal" como elemento (adv.) só recebe hífen diante de vogal (*mal-afamado*), "h" (*mal-humorado*) e "l" (*mal-limpo*). Quando mal significa "doença", há sempre hífen (*mal-caduco, mal-canadense*).

f) O Acordo é lacunar em relação ao emprego ou não do hífen em palavras formadas com os prefixos "ab", "ad", "ob", "sob" e "sub" seguidos da consoante "r". Esses são os únicos casos, no português, em que o "r" dos grupos "br" ou "dr" não representa uma vibrante velar (como, por exemplo, em *abraço*). Será preferível, por esse motivo, manter a grafia consagrada (*ab-rogar, ad-renal, ob-rogar, sub-região* etc.), por se tratar de duas sílabas separadas, com o "b" ou "d" fechando a sílaba anterior e o "r" abrindo a seguinte.

g) O Acordo estatui que, nos casos de formações por prefixação, recomposição e sufixação, se empregue o hífen quando o primeiro elemento termine por letra igual à que inicia o segundo elemento. Tal regra deve ser mantida em todos os casos em que ocorrer esse encontro, mas não com o "pre" átono, pois o Acordo diz que "as formas átonas aglutinam-se com o elemento seguinte"; portanto, *preenchimento, impreenchível* etc. Sugerimos que tal modo de agir se estenda ao prefixo "re", ao se encontrar com palavras iniciadas por "e", além do mais pelo fato de estes dois serem os únicos prefixos a que se pode justapor o prefixo "in", o que criaria formações como, por exemplo, *re-elegível, irre-elegível* etc. Em tais oportunidades, o hífen preconizado para formações por prefixação que apresentam o primeiro elemento terminado por letra igual à que inicia o segundo elemento não deverá ser empregado: *reeleger, irreelegível* etc.

Capítulo 4

Elementos da textualidade

A produção de sentido no texto tem relação direta com elementos que o autor utilizará para a transmissão de ideias e de informações necessárias para que o interlocutor compreenda perfeitamente o que foi pretendido. Diferente da comunicação oral, na qual o interlocutor tem a oportunidade de solicitar maiores esclarecimentos, a fim de tornar evidente o que tenha sido transmitido pelo emissor, na comunicação escrita o redator precisa ser bastante objetivo e conciso.

Os princípios da textualidade que serão apresentados como ferramentas para dar sentido ao texto são a contextualização, a coesão, a concisão, a coerência e os cinco fatores pragmáticos apontados por Costa Val (1994), a saber: a) intencionalidade; b) informatividade; c) aceitabilidade; d) situacionalidade; e) intertextualidade.

Quando se estuda a produção textual e seus elementos, o principal desafio é a aplicação dos procedimentos de forma estrutural, de modo a dar sentido ao texto e ainda facilitar a leitura e sua compreensão. Para tanto, é de fundamental importância a correta enunciação, que corresponde ao momento de atualização da língua em uma dada situação de discurso, dependente da atividade conjunta do emissor e do interlocutor (ou ouvinte). A partir do sujeito da enunciação, que está no centro da referenciação linguística, efetua-se a identificação e a localização de objetos e elementos no espaço e no tempo. As coordenadas enunciativas são os elementos que determinam a situação dos participantes na comunicação, relativamente ao tempo e ao espaço da enunciação. Esses elementos são os dêiticos.

Para Luiz Antônio Marcuschi (2008), os elementos que constituem a coesão são "aqueles que dão conta da estruturação da sequência superficial do texto". Para haver a correta coesão as construções dos sentidos estarão condicionadas ao encadeamento dos elementos linguísticos formais dispostos no texto. Já "a coerência é uma atividade interpretativa e não propriamente imanente ao texto. Liga-se, pois a atividades cognitivas e não ao código apenas".

A partir do conhecimento de que o texto dissertativo-argumentativo precisa expor uma ideia e ainda defender uma posição, a coesão ou as relações de sentido que se estabelecem entre os enunciados que compõem o texto são essenciais, uma vez que a interpretação de um elemento depende da interpretação de outro. A coerência, por sua vez, consiste em um conjunto de ideias ou de fatos que deverão produzir um resultado lógico, que não deixe dúvidas por não conter ambiguidade ou contradição.

Ingedore Villaça Koch e Luiz Carlos Travaglia (2001) lecionam que a textualidade é "aquilo que faz de uma sequência linguística um texto e não um amontoado aleatório de palavras". Assim, por "sequência linguística" entende-se o texto que um autor produz, que será coerente pela simples adequação à situação e o tema apresentados na prova de redação do Enem. O participante deverá levar em conta o contexto sociocultural e, assim, produzir um texto com a clara demonstração de sua intenção comunicativa, os objetivos, sem deixar dúvida alguma sobre o ponto de vista defendido, desde o início. Dessa maneira, tanto o desenvolvimento como o fechamento estarão em perfeita harmonia, ou seja, coerentes.

4.1. Coerência

Um mecanismo básico para uma boa redação é chamado de coerência textual. Trata-se de um elemento da linguística textual que confere a relação lógica entre conceitos, situações ou fatos, propiciando o nexo, a conexão necessária à articulação das ideias e, assim, sendo responsável pela construção de sentidos do texto.

Na prova de redação do Enem o participante deverá prestar atenção ao encadeamento de ideias, já que é exigido dele demonstrar competência em selecionar, relacionar, organizar e interpretar informações, fatos e argumentos em defesa de uma tese. Assim sendo, os argumentos selecionados devem ser coerentes com o tema, de modo a não perder a consistência e definir a conclusão, que necessariamente deve estar relacionada ao ponto de vista que foi escolhido para ser defendido.

É importante destacar que o texto que será considerado digno de receber boa nota, o bom texto, é aquele adequado à situação-problema que os examinadores trazem na prova. A avaliação do quesito coerência significa que o texto deve ter conexão entre os fatos que o autor insere para sustentar suas ideias, que precisam estar bem ordenadas e articuladas. A articulação ocorre pelo uso adequado de pronomes e de conjunções, que por sua vez estabelecem relações entre as orações. Por exemplo, uma redação em defesa da tese de que a redução da maioridade penal não diminuirá a criminalidade no Brasil não poderia ter uma oração sequer que colocasse em dúvida se o autor se posiciona a favor ou contrariamente ao Projeto de Emenda à Constituição (PEC) nº 171/1993, que reduz a maioridade penal de 18 para 16 anos de idade.

4.2. Concisão

O estudante precisa escrever com a máxima clareza possível, conforme destacamos ao discorrer sobre o processo comunicativo entre o emissor e o receptor. Mas a concisão é igualmente importante. A exposição das ideias em poucas palavras, com precisão e exatidão sintetiza o pensamento para que não se perca o sentido do que estiver sendo dito.

Deve-se evitar expressões e explicações desnecessárias, bem como repetições de palavras e de ideias já abordadas. Contudo, de modo a realçar um conceito a repetição pode ser um recurso significativo. Os elementos conectivos vão construindo o texto por meio das articulações entre vocábulos, entre as partes de uma oração, entre as orações e entre os parágrafos que determinam a referenciação, os contatos e as conexões que estabelecem sentido ao todo.

Há um fator fundamental que deve ser levado em consideração na comunicação escrita: o contexto. Dependendo das condições em que um texto tenha sido produzido, por quem, para quem, com qual finalidade, com qual objetivo e ainda para que tipo de leitor, além de ter de haver a preocupação com que tipo ou gênero textual, a redação pode ser interpretada de diversas maneiras ou até mesmo ser incompreensível, uma vez que a interpretação de um leitor varia de acordo com o contexto em que tal texto tenha sido produzido e o conhecimento de mundo do interlocutor.

4.3. Contexto

Por contexto entende-se a estrutura de referências que o indivíduo adota, a maneira pela qual organiza e interpreta a experiência, ou seja, o significado social de um determinado acontecimento. As relações entre um certo contexto e a produção do texto exigido na prova de redação do Enem dependem de uma interação entre tradições culturais do participante e uma dada situação-problema, sempre de ordem social, política, científica ou cultural em que tanto a forma quanto o conteúdo são predeterminados.

Em razão do exposto, o estudante tem necessidade de estudar como se dão as relações entre texto e contexto, uma vez que esta análise de problemas sociais e de práticas discursivas o auxiliará a compreender melhor como a linguagem se articula apropriadamente para a produção da redação dissertativa-argumentativa.

A autora Elisa Guimarães (2011) ensina que o texto é formado por unidades coordenadas, ou seja, interligadas entre si, de modo a constituir uma unidade comunicativa para os membros de uma determinada comunidade. O estudante precisa ter em mente a necessidade de que existe um conjunto de fatores indispensáveis para a construção do texto, como as intenções do falante (emissor), o jogo de imagens conceituais, mentais que o emissor e destinatário executam (GUIMARÃES, 2011 apud RIBEIRO, 2004). Além disso, um texto depende de outros textos para que haja um entendimento e uma compreensão, uma vez que as partes que o formam se integram e se explicam reciprocamente. Completando o processo de formação de um texto, essa autora nos esclarece que a economia de linguagem facilita a sua compreensão, sendo indispensável a ligação entre as partes, mesmo com cortes de trechos considerados não essenciais.

4.4. Fatores pragmáticos

Os fatores pragmáticos da linguística estudam o sentido do texto, oral ou escrito, em seu uso. Consistem em conhecimentos básicos para a interpretação, pois o estabelecimento da compreensão de um texto depende bastante desses fatores. São cinco, conforme já exposto: a intencionalidade, a aceitabilidade, a situacionalidade, a informatividade e a intertextualidade.

4.4.1. Intencionalidade

Refere-se ao objetivo, à intenção do produtor do texto em construir uma comunicação eficiente, capaz de convencer o interlocutor de alguma coisa. Quer dizer, o texto produzido deverá levantar questões, fazer sugestões, dar opinião compatível com as intenções comunicativas de quem o produz.

4.4.2. Aceitabilidade

É o complemento da intencionalidade. O texto produzido também deverá ser compatível com a expectativa do receptor, isto é, ler um texto coerente, coeso, útil e relevante. Deve haver uma espécie de cooperação entre o produtor e o leitor da redação, de modo a permitir que a comunicação das intenções do autor sejam compreendidas e aceitas pelo interlocutor. Isso ocorre tanto no texto oral quanto no escrito.

4.4.3. Situacionalidade

É a adequação do texto a uma situação comunicativa, que interfere na produção do texto, assim como este tem reflexos sobre toda a situação. Para Koch (1997), foi a falta de situacionalidade que levou alguns estudiosos a classificarem certos textos como incoerentes. Porém, verificou-se depois que esses textos em uma situação específica eram perfeitamente coerentes. A compreensão do sentido dos textos das HQ, por exemplo, depende muito mais da situacionalidade do que outros fatores.

4.4.4. Informatividade

Consiste nas ocorrências de um texto, quer sejam esperadas ou não pelo receptor. Um discurso menos previsível tem mais informatividade. Entretanto, o excesso de informatividade pode ser rejeitado pelo receptor, em razão da possibilidade de não processá-la. O produtor deve sempre produzir um texto que faça sentido para o leitor. Portanto, a redação precisa ser coesa e coerente.

4.4.5. Intertextualidade

Todos os textos são construídos a partir de outros, orais ou escritos. Assim, uma redação não será escrita isoladamente, mas terá relação com outra já dita ou escrita. Ao produzir um texto, o autor usará as referências com assuntos tratados por outros de jornais, de revistas, de livros etc.

Após essa breve explicação sobre os elementos da textualidade, vamos ver mais detalhes sobre a referenciação, os referentes, a coesão e a coerência, fatores essenciais para a produção da redação do Enem.

4.5. A estruturação textual

O texto dissertativo-argumentativo constitui uma sequência de palavras ou de frases, uma sucessão de ideias e de informações escritas que formam uma cadeia que deve propiciar o entrelaçamento significativo para o processo de comunicação entre o emissor e o receptor de uma determinada mensagem. Segundo Michel Charoles (1997) o termo "texto" provém do latim *textum*, que significa "tecido, entrelaçamento". Portanto, a razão etimológica serve para o estudante nunca se esquecer de que o texto resulta da ação entrelaçar unidades e partes a fim de formar um todo que garanta sua coesão, sua unidade.

Com a utilização adequada de mecanismos linguísticos se estabelece a conectividade e a retomada, que garantem a coesão, tais como conjunções, advérbios e frases preposicionais que ligam sentenças ou orações, o autor poderá produzir um texto com a devida harmonia entre os elementos textuais exigida pelos avaliadores do Enem. Além disso, o texto deve ser conciso e coerente para demonstrar a competência para obter a nota máxima.

4.6. Coesão

A coesão é a manifestação linguística da coerência e se realiza nas relações entre elementos sucessivos, tais como artigos, pronomes, adjetivos, substantivos, entre outros. Essa articulação dos elementos que formam o texto pode ocorrer pela reiteração, pela substituição e pela associação. Antunes (2007) explica que a reiteração é a relação pela qual os elementos do texto vão de algum modo sendo retomados, criando-se um movimento constante. A relação de reiteração é obtida por meio da repetição e da substituição, enquanto a associação é o tipo de relação que se cria no texto graças à ligação de sentido entre as diversas palavras presentes.

Os mecanismos usados para que o texto tenha a sequência necessária para a perfeita compreensão do leitor, que institua continuidade semântica entre diferentes elementos e que envolva processos de estruturação diversos, tais como as reiterações e substituições, são os conectivos. Eles permitem a ordenação da unidade semântica do texto e a consequente organização formal que garante a articulação e a interligação de sequencias de diferentes componentes.

A coesão tem a ver com as dicas impressas nas páginas do *Manual do Participante – A Redação no Enem 2013*, ao ressaltar a importância de o estudante ter um repertório amplo de termos e conectivos para que a sua produção textual tenha mais estilo e ainda construa uma relação de sentido mais interessante entre as partes do texto.

Para ter bom repertório é preciso ler bastante. Entre os casos dos 250 participantes que conseguiram a nota máxima no Enem 2014, um que chamou bastante atenção foi o da estudante Bárbara Frasson dos Reis, de apenas 18 anos, que cursou todo o primeiro grau e o ensino médio em uma escola pública de Bauru (SP). Bárbara declarou à reportagem do Jornal da Cidade[7] que sempre cultivou o hábito de leitura, ao destacar sua preferência pelas obras de Clarice Lispector, a autora modernista considerada uma das escritoras brasileiras mais importantes do século XX.

Na entrevista concedida à imprensa local, Bárbara destacou a importância do esforço empreendido nos estudos, ao mencionar que "Tive muitos colegas da minha turma que não se interessavam por estudar e se contentam com pouco, diziam que iam trabalhar e que já estava bom. Estudar não é perda de tempo, é um investimento no nosso conteúdo, na formação e na vida como cidadão.". Em um texto há a constante referência entre palavras. A coesão consiste justamente na propriedade de unir termos e orações por meio de conectivos, representados por inúmeras palavras e expressões. São diversos os tipos de coesão.

4.6.1. Coesão referencial

É importante destacar que a coesão pode ser estabelecida por meio de mecanismos referenciais ou sequenciais. De acordo com Platão e Fiorin (2006) algumas classes gramaticais (artigos, pronomes, numerais, advérbios, verbos, por exemplo) funcionam como elementos de retomada (anafóricos) ou de antecipação (catafóricos) de outros termos enunciados no texto.

Por anáfora entende-se a referenciação pronominal, ou seja, a retomada de palavras, frases ou períodos citados anteriormente por meio do uso de pronomes. Os pronomes demonstrativos são elementos que garantem a coesão referencial, uma vez que são anafóricos por excelência.

Vejamos exemplos de utilização de elementos anafóricos.

Com câncer na garganta, o professor se nega a tratar a doença por causa da religião. (o termo "doença" retoma "câncer").

A alteração na cúpula da diretoria da Petrobras, em razão de um escândalo bilionário de corrupção, envolve ex-empregados da estatal. (o termo "estatal" retoma Petrobras).

---

7. Disponível em: <http://www.jcnet.com.br/Geral/2015/02/da-escola-publica-a-redacao-1000.html>. Acesso em: 4 fev. 2015.

Por catáfora entende-se o recurso linguístico utilizado para fazer referência a um termo que remete antecipadamente para outro que ainda será enunciado. Por exemplo, em uma oração como "O executivo defendia-o na plenária, reparou o assessor", o pronome pessoal oblíquo átono "o" de "defendia-o" pode ser considerado uma catáfora, uma vez que se refere ao assessor, que aparece posteriormente no texto.

4.6.2. Dêixis

O significado de dêixis é "apontar", "indicar", "demonstrar". Trata-se de um recurso de referenciação dependente e constitutiva da enunciação. Na linguística diz respeito à função dos pronomes pessoais e demonstrativos, tempos verbais e outros elementos que relacionam enunciados aos aspectos de tempo, espaço e pessoa na enunciação. Os dêiticos apontam verbalmente para realidades específicas do ato enunciativo. Cada vez que são ativados no discurso, referenciam de novo e variavelmente, em função da situação de enunciação, assinalando o sujeito que enuncia, o sujeito a quem se dirige a enunciação, o tempo e o espaço da enunciação.

4.6.3. Pronomes

Os pronomes são elementos que o estudante pode utilizar para a retomada e também a antecipação de termos, de modo a não repeti-los em sua redação. Trata-se de produzir o texto com mais estilo. Ao valer-se desse recurso, o autor poderá garantir a coesão textual, sem o problema de estabelecimento da relação lógica entre dois trechos do texto, que sem ocorrer prejudicará a compreensão da mensagem.

<table>
<tr><th colspan="5">Quadro dos pronomes pessoais</th></tr>
<tr><th rowspan="2">Número</th><th rowspan="2">Pessoa</th><th rowspan="2">Pronomes retos</th><th colspan="2">Pronomes oblíquos</th></tr>
<tr><td>Átonos</td><td>Tônicos</td></tr>
<tr><td>singular</td><td>primeira
segunda
terceira</td><td>eu, tu, ele,
ela</td><td>me
te
o, a, lhe, se</td><td>mim, comigo
ti, contigo
ele, ela, si, consigo</td></tr>
<tr><td>plural</td><td>primeira
segunda
terceira</td><td>nós, vós,
eles, elas</td><td>nos
vos
os, as, lhes, se</td><td>nós, conosco
vós, convosco
eles, elas, si, consigo</td></tr>
</table>

Vale destacar que os pronomes pessoais "o", "os", "a", "as" assumem formas especiais depois de certas terminações verbais. Quando um verbo terminar em -z, -s ou -r, o pronome assume a forma "lo", "los", "la" ou "las", sendo que a terminação verbal é suprimida.

***Eu** e minha amiga Laura vamos estudar na biblioteca. **Ela** vai de carona **comigo**.*

*Durante o período em que estudamos pedi a **ela** um favor, buscar água para **mim**.*

***Ela** é muito inteligente, pena que **se** acha.*

4.6.3.1. Pronomes relativos

Variáveis		Invariáveis
Masculino	**Feminino**	
O qual, os quais, cujo, cujos, quanto, quantos	A qual, as quais, cuja, cujas, quanta, quantas	Que Quem Onde

Nos períodos compostos por mais de uma oração os pronomes relativos ajudam a estruturar o texto de forma coesa. Essa classe de pronomes tem uma função de fundamental importância na produção do texto, uma vez que exerce papel de indicador, de referência, capaz de recuperar ou reiterar uma informação. Assim, sendo elemento de repetição de conteúdo, como item de remissão ao já dito, o pronome relativo classifica-se entre os anafóricos.

O pronome relativo "que" é o mais utilizado, sendo considerado um pronome relativo universal. Refere-se a coisas ou a pessoas e pode ser substituído por: "o qual", "a qual", "os quais" e "as quais". Vejamos um exemplo de construção de texto com o uso de pronomes relativos para fazer referência ao que já tenha sido mencionado.

*Este é o museu **que** visitamos nas últimas férias.*

*Este é o museu **o qual** visitamos nas últimas férias.*

O pronome relativo "cujo" aparece entre dois substantivos e transmite uma ideia de posse, devendo concordar em número e gênero com a coisa possuída. É equivalente a: "do qual", "dos quais", "de que" e "de quem".

*Indicaram o livro **cujo** conteúdo foi fundamental para minha aprovação.*

4.6.3.2. Pronomes demonstrativos

Os pronomes demonstrativos (este, esta, isto, esse, essa, isso) exercem as funções anafórica, catafórica e também dêitica.

a) Anafórica – esse, essa, isso.

Exemplo: *O corte de verbas do governo estadual reduziu as aulas. Isso provocou a revolta dos professores.* (o pronome demonstrativo "isso" retoma a expressão "corte de verbas").

b) Catafórica – este, esta, isto.

Exemplo: *Esta é a dura realidade: o governo mentiu.* (o pronome demonstrativo "esta" antecipa a expressão "o governo mentiu").

c) Dêitica pode ser espacial ou temporal.

Espacial (localização): proximidade (este, esse) / distância (aquele).

Temporal: momento atual (este) / passado (esse).

Vejamos mais exemplos.

Este, esta, isto: retomam os elementos mais próximos, assim como o momento presente.

O estudante se preparou para o exame com livros e apostilas. Estas ajudaram bastante no dia da prova. (são os livros e as apostilas que ajudaram bastante).

Esse, essa, isso: retomam os elementos de forma geral e ainda o tempo passado.

"A vida para ser bela, deve ser cercada de verdade, de bondade, de liberdade. Essas são coisas pelas quais vale a pena morrer." – Rubem Alves – (o pronome demonstrativo "essas" retoma os termos "verdade", "bondade" e "liberdade").

Aquele, aquela, aquilo: retomam os elementos mais distantes. Geralmente, são utilizados com "este", "esta", "isto".

O estudante se preparou para a prova de literatura com livros e para a prova de matemática com apostilas. Estas publicações ajudaram bastante, mas aquelas não foram mencionadas no dia da prova. (são as apostilas que ajudaram bastante, mas os livros não foram mencionados na prova de literatura. "Esta" é pronome usado para fazer referência ao que está próximo).

4.6.3.3. Pronomes possessivos

Quadro dos pronomes possessivos		
Número	**Pessoa**	**Pronomes possessivos**
Singular	Primeira Segunda Terceira	meu, minha, meus, minhas teu, tua, teus, tuas seu, sua, seus, suas
Plural	Primeira Segunda Terceira	nosso, nossa, nossos, nossas vosso, vossa, vossos, vossas seu, sua, seus, suas

É importante ressaltar a possibilidade que o possessivo "seu" e flexões (seus, sua, suas) têm de tornar um texto ou um fragmento dele ambíguo. Pode ocorrer um problema de coesão textual referencial. O que provoca a ambiguidade é que o possessivo "seu" pode referir-se tanto ao agente como também ao paciente da frase, quer estejam no masculino ou no feminino, no singular ou no plural.

Exemplo:

O professor cumprimentou o aluno por ***seu*** *sucesso no vestibular.*

O sucesso foi do aluno ou do professor? Então, recomenda-se para esses casos um alteração na construção da frase.

O professor cumprimentou o aluno sucesso ***dele*** *no vestibular.*

Para indicar que algo pertence a outra pessoa pode-se usar-se a preposição de posse (de) mais o pronome reto (de + ele, de + eles, de + ela, de + elas) que resulta em uma contração (dele, deles, dela, delas). Caso o sujeito não seja um pronome reto, utiliza-se a preposição de posse (de) mais o nome do sujeito (de Fulano, de Ciclana).

Já no caso da frase: "No testamento, Ricardo deixou toda a sua fortuna para Gabriela", por meio de raciocínio não haveria dúvida, já que Ricardo está morto ou fez um testamento, logo a fortuna só poderia ser dele.

4.6.3.4. Pronomes indefinidos

Na definição de Luís Filipe Lindley Cintra e de Celso Cunha (2001), chamam-se indefinidos os pronomes que se aplicam à terceira pessoa gramatical, quando considerada de um modo vago e indeterminado. Eles se referem a terceira pessoa do discurso de forma vaga, imprecisa e genérica.

Exemplo:

O Ministério da Educação ainda não divulgou o resultado final. O que se sabe com certeza é que ***alguns*** *candidatos conseguiram a vaga. Naquele exame, os estudantes brasileiros e os estudantes estrangeiros,* ***todos*** *acreditavam na aprovação.* (todos retoma estudantes brasileiros e estrangeiros).

Existe ainda um tipo de pronome indefinido com que se introduzem frases interrogativas (diretas ou indiretas). Sua classificação subdivide-se em variáveis e invariáveis. São eles: qual, quanto, quem e que.

Exemplo:

Quem *será aprovado? O rapaz que veio de Bauru.* (Quem = rapaz de Bauru).

Pronomes Indefinidos				
Variáveis				**Invariáveis**
Singular		**Plural**		
Masculino	**Feminino**	**Masculino**	**Feminino**	
algum nenhum todo muito pouco tanto outro quanto	alguma nenhuma toda muita pouca tanta outra quanta	alguns nenhuns todos muitos poucos tantos outros quantos	algumas nenhumas todas muitas poucas tantas outras quantas	alguém ninguém outrem tudo nada algo cada
qualquer		quaisquer		

4.6.4. Artigos

O artigo definido, de modo geral, funciona como anafórico, enquanto o artigo indefinido, geralmente, funciona como catafórico.

Exemplo:

O *professor proferiu* ***uma*** *palestra ontem* ***aos*** *estudantes.* ***Uns*** *gostaram muito, já* ***outros*** *demonstraram desinteresse.*

Artigos			
Definidos		**Indefinidos**	
o, os	a, as	um, uns	uma, umas

4.6.5. Advérbios

Os advérbios são usados para conferir coesão ao texto porque retomam um substantivo, verbo, adjetivo e até mesmo outro advérbio já mencionados, sem a necessidade de repetição.

Eles são classificados de acordo com a circunstância.

Circunstância	Advérbios
Tempo	Ontem, hoje, amanhã, breve, logo, antes, depois, agora, já, sempre, nunca, jamais, cedo, tarde, outrora, ainda, primeiro, enfim, antigamente
Lugar	Aqui, ali, aí, cá, lá, acolá, atrás, perto, longe, acima, abaixo, adiante, dentro, fora, além, antes, onde, aonde
Modo	Bem, mal, assim, depressa, calmamente, suavemente, alegremente, melhor, devagar, como, sobremodo, sobretudo, sobremaneira, quase, principalmente
Afirmação	Sim, deveras, certamente, realmente, efetivamente
Negação	Não, tampouco, nem, jamais
Dúvida	Talvez, quiçá, acaso, porventura, provavelmente, possivelmente
Quantidade	Muito, pouco, bastante, mais, menos, demais, tão, tanto, meio
Interrogação	Onde? aonde? donde? quanto? quando? como? por quê?

Tenho dois objetivos ***depois*** *de passar no vestibular: ficar morando* ***aqui*** *em Bauru e arrumar um bom emprego.*

Em Bauru a Universidade Paulista oferece vagas em comunicação. ***Lá*** *o ensino é excelente.*

Felizmente*, sabemos que as chuvas começam no próximo outono e a cidade não corre risco de racionamento. Em Bauru,* ***talvez*** *mais que em outros municípios, o clima ajudou a não haver crise hídrica.*

4.6.6. Elipse e Zeugma

A coesão referencial pode ainda ser formada pela elipse e zeugma, figuras de linguagem (figuras de construção) que são bons elementos para evitar a excessiva repetição.

A elipse consiste na omissão de um termo ou expressão, normalmente de fácil identificação.

Voltando, verificou a sala, deu dicas aos alunos, saiu e desapareceu. (omissão do sujeito gramatical ele/ela).

Zeugma é um caso especial de elipse, quando o termo omitido já tiver sido expresso anteriormente.

Fernanda prefere poesia; Alexandre, de prosa. (omissão do verbo "preferir").

4.7. Coesão referencial

Segundo a lição de Ingedore Villaça Koch e Luiz Carlos Travaglia (2002), ocorre coesão referencial quando um elemento da sequência textual (forma referencial ou elemento de retomada) remete a outro componente do texto (referente). A noção de referente é bem ampla, podendo ser representado por um nome, um sintagma, uma oração ou um enunciado inteiro.

Esse tipo de coesão pode ser por reiteração, que se subdivide em repetição, paráfrase e paralelismo, assim como pode ser por meio da substituição.

4.7.1. Repetição

O mesmo elemento repetido diversas vezes em um texto não é aconselhável na redação dissertativa-argumentativa do Enem, uma vez que um número elevado de repetições pode levar o avaliador a perder o interesse e considerar que o participante não tem suficiente domínio de coesão. Pode-se usar o recurso da repetição para enfatizar uma ideia, mas para a redação do Enem não será uma estratégia bem aceita, tendo em vista a tipologia textual exigida.

Vejamos um exemplo desse recurso em um trecho do discurso proferido por Rui Barbosa em campanha presidencial na Associação Comercial do Rio de Janeiro, em 1919.

> "Mentira de tudo, em tudo e por tudo. Mentira na terra, no ar, no céu. Mentira nos protestos. Mentira nas promessas. Mentira nos progressos. Mentira nos projetos. Mentira nas reformas. Mentira nas convicções. Mentira nas soluções. Mentira nos homens, nos atos e nas coisas. Mentira no rosto, na voz, na postura, no gesto, na palavra, na escrita. Mentira nos partidos, nas coligações e nos blocos. (...)."
>
> BARBOSA, Rui. **Obras Completas de Rui Barbosa**. v. 46, t. 1, p. 31, 1919. Disponível em: <http://www.casaruibarbosa.gov.br>. Acesso em: 4 fev. 2015.

A coesão por reiteração pode usar a repetição de diferentes formas. Vejamos:

Repetição de forma idêntica – *Passou na prova, mas percebeu que a prova foi anulada.*

Repetição com um novo determinante – *Leu o livro, mas o próprio livro não foi suficiente.*

Repetição de forma abreviada – *O Ministério da Educação determinou novas regras. O MEC ainda vai rever itens confusos.*

Repetição de forma ampliada – *MP denuncia governador por improbidade em evento esportivo. O Ministério Público do Distrito enviou denúncia à Justiça para propor ação de improbidade administrativa por supostas irregularidades.*

Repetição de forma cognata – *Estudar é importante, e só com muito estudo o sucesso virá.*

Os elementos que concretizam a repetição como recurso textual são a paráfrase e o paralelismo.

4.7.2. Paráfrase

A paráfrase é um texto que se vale das ideias transmitidas em outro texto. É a interpretação de um texto com palavras próprias, mantido o pensamento do original. Parafrasear consiste em transcrever as ideias centrais de um texto, porém com novas palavras. Para o estudante fazer bom uso desse recurso e escrever uma boa paráfrase ele precisa utilizar a mesma ordem de ideias que aparece no texto original, tomando o cuidado de não omitir nenhuma informação essencial. Outro detalhe importante é não fazer qualquer comentário acerca do que se diz no texto original, além de usar a reconstrução com um vocabulário diferente.

Vamos ver um exemplo:

Parafraseando o poeta Fernando Pessoa, autor de um dos versos mais emblemáticos da literatura, "Navegar é preciso, viver não é preciso", pode-se afirmar que, apesar de todas as imprecisões que o cotidiano nos apresenta não se deve perder o rumo na busca da felicidade.

4.7.3. Paralelismo

O paralelismo é um recurso da linguagem escrita que consiste em apresentar ideias similares em uma forma gramatical idêntica, ou seja, um verbo deve estar em paralelo com outro verbo; um substantivo com outro substantivo; uma oração com outra, e assim sucessivamente.

Portanto, o paralelismo consiste na recorrência da mesma estrutura sintática. O recurso deve ser estudado junto com as conjunções, palavras invariáveis que servem para conectar orações ou dois termos.

Se os estudantes fossem aprovados no exame, ficaremos muito felizes.

Esta frase está incorreta, em função dos tempos verbais. O paralelismo estaria configurado com a seguinte redação: *Se os estudantes fossem aprovados no exame, ficaríamos muito felizes.* As duas orações remetem à mesma ideia, denotando uma incerteza quanto à ação.

Mais adiante vamos observar as conjunções para deixar mais evidente o assunto em tela, já que elas estabelecem relações entre termos ou orações em um texto. São usadas como elementos coesivos e podem ser aditivas, adversativas, causais e temporais.

4.8. Coesão lexical

A unidade temática de um texto precisa ter a interligação de termos, a fim de tornar claro o que o autor quer transmitir. O estudante pode usar o tipo de coesão denominada lexical, que consiste no estabelecimento de uma corrente de significados para que ideias e partes delas possam ser retomadas. Essa corrente é formada pela reutilização intencional de palavras, por meio do uso de sinônimos, ou pelo emprego de expressões equivalentes para substituir conceitos, dados estatísticos, fatos comprováveis, alusões históricas ou citações já apresentadas na construção da argumentação. O autor poderá usar hipônimos, hiperônimos e enunciados que estabelecem a recapitulação da ideia.

4.8.1. Substituição

Uma maneira muito interessante de se retomar um elemento já citado ou de se referir a outro que ainda vai ser mencionado é a substituição, mecanismo pelo qual se usa uma palavra (ou grupo de palavras) no lugar de outra palavra (ou grupo de palavras). Por exemplo, pode-se utilizar a expressão "povo lusitano" para substituir "os portugueses".

Esse rodeio de palavras que substituiu um nome comum ou próprio chama-se perífrase. As frases unidas por meio de elementos conectivos corretos acrescentarão um recurso estilístico capaz de tornar a redação bem mais interessante para o leitor.

4.8.2. Sinônimos

A fim de evitar a mera repetição do que já tenha sido escrito, palavras semelhantes podem ser usadas em diferentes contextos, contanto que não alterem o sentido do que se pretende transmitir, isto é, sem perder a coerência.

*O **papa Francisco** está entre os indicados ao Prêmio Nobel da Paz de 2015. O **sumo pontífice** foi selecionado em razão de enfatizar a justiça social e o cuidado com o meio ambiente.*

É um estilo bem melhor para a apresentação de um texto. A repetição foi evitada e a coerência preservada.

4.8.3. Hiperônimos

Hiperônimo é uma palavra que pertence ao mesmo campo semântico de outra, porém com o sentido mais abrangente. A utilização de vocábulo de sentido mais genérico em relação a outro para substituir um termo já escrito deixa o texto coeso, ao mesmo tempo em que o torna mais elegante.

Os bacharéis em Direito enfrentaram um rigoroso Exame da Ordem dos Advogados do Brasil (OAB). Os acadêmicos aprovados festejaram bastante.

Acadêmicos é um termo genérico que pode ser usado para bacharel em letras ou em outro curso superior. O contrário de hiperônimo é hipônimo. Um eletrodoméstico é hiperônimo de geladeira que, por sua vez, é hipônimo. Advogado, professor, dentista, entre outras atividades profissionais são hipônimos de "profissão".

Em razão de os professores terem organizado uma passeata, o governo do Estado do Paraná ordenou forte repressão à categoria profissional.

4.9. Coesão sequencial

A coesão sequencial tem como finalidade fazer progredir o texto, dar continuidade ao fluxo informacional. Conforme Leonor Lopes Fávero (1993), em um texto tudo está relacionado. Um enunciado está subordinado a outros, na medida em que não só se compreende por si mesmo, mas ajuda na compreensão dos demais. Como na receita de um bolo, os ingredientes precisam estar presentes e ainda haver a integração de cada um no momento correto, no texto as partes constituintes devem se encaixar, pois dependem umas das outras. Os conectivos agem como o óleo ou a manteiga, unindo os ingredientes da massa para formar o bolo (todo coeso e saboroso ao leitor que experimentará o texto).

Trata-se de estabelecer relações lógicas entre as ideias do texto. Para tanto, utilizamos os chamados conectivos (principalmente preposições e conjunções). Veja os principais:

Consequência (ou conclusão): por isso, logo, portanto, pois, de modo que, assim, então, por conseguinte, em vista disso.

*Bruno demonstrou total domínio da norma culta da Língua Portuguesa, **por isso** conseguiu a nota máxima.*

Causa: porque, pois, visto que, já que, dado que, como, uma vez que, porquanto, por, por causa de, em vista de, em virtude de, devido a, por motivo de, por razões de.

Em virtude de *haver demonstrado total domínio da Língua Portuguesa, Bruno conseguiu a nota máxima.*

Oposição: entretanto, mas, porém, no entanto, todavia, contudo.

Bruno demonstrava total domínio da norma culta da Língua Portuguesa, ***entretanto*** *a nota máxima não foi atingida.*

Condição: se, caso, desde que, contanto que.

Contanto que *Bruno demonstre total domínio da norma culta da Língua Portuguesa poderá conseguir a nota máxima.*

Finalidade: para que, a fim de que, com o objetivo de, com o intuito de.

Com o intuito *de demonstrar total domínio da norma culta da Língua Portuguesa, Bruno produziu um texto extremamente coeso, que poderá receber a nota máxima.*

As explicações e exemplos aqui demonstrados servem para relembrar ao estudante que é preciso dominar várias técnicas para produzir um texto dissertativo-argumentativo que encante os avaliadores no Enem. É importante destacar a importância da revisão das regras gramaticais, das aulas de Literatura, de Sociologia, de Geografia, enfim, de muitas outras que formarão o contexto, o todo, necessário para alguém redigir com maestria.

Não é somente o talento natural que faz um escritor, quer seja um novelista, contista ou jornalista. É preciso muito trabalho duro na aquisição do conhecimento de técnicas, de teoria, de repertório, sem falar na prática necessária para finalmente ter o domínio sobre a redação. Jamais deixaremos de aprender. Mesmo depois de ter ingressado na universidade, de ter se formado e se tornado um profissional renomado, não deixaremos de aprender.

Talvez, aqueles estudantes que pretendem cursar Letras ou outros cursos da área de Comunicação podem ter um pouco mais de afinidade com a redação. Mas os que pretendem seguir carreira em engenharias, tecnologias, Medicina, Fisioterapia e outras áreas também precisarão dominar a modalidade escrita da Língua Portuguesa em suas profissões, já que na contemporaneidade a comunicação entre as pessoas em grande parte se dá pela escrita.

4.10. Análise de redação

Vamos prosseguir com nosso estudo e analisar mais textos dissertativos-argumentativos. Vejamos a prova de redação da edição 2010 do Enem.

> Com base na leitura dos seguintes textos motivadores e nos conhecimentos construídos ao longo de sua formação, redija um texto dissertativo-argumentativo em norma culta escrita da Língua Portuguesa sobre o tema **O Trabalho na Construção da Dignidade Humana**, apresentando experiência ou proposta de ação social, que respeite os direitos humanos. Selecione, organize e relacione, de forma coerente e coesa, argumentos e fatos para defesa de seu ponto de vista.

O que é trabalho escravo

Escravidão contemporânea é o trabalho degradante que envolve cerceamento da liberdade

A assinatura da Lei Áurea, em 13 de maio de 1888, representou o fim do direito de propriedade de uma pessoa sobre a outra, acabando com a possibilidade de possuir legalmente um escravo no Brasil. No entanto, persistiram situações que mantêm o trabalhador sem possibilidade de se desligar de seus patrões. Há fazendeiros que, para realizar derrubadas de matas nativas para formação de pastos, produzir carvão para a indústria siderúrgica, preparar o solo para plantio de sementes, entre outras atividades agropecuárias, contratam mão de obra utilizando os contratadores de empreitada, os chamados "gatos". Eles aliciam os trabalhadores, servindo de fachada para que os fazendeiros não sejam responsabilizados pelo crime.

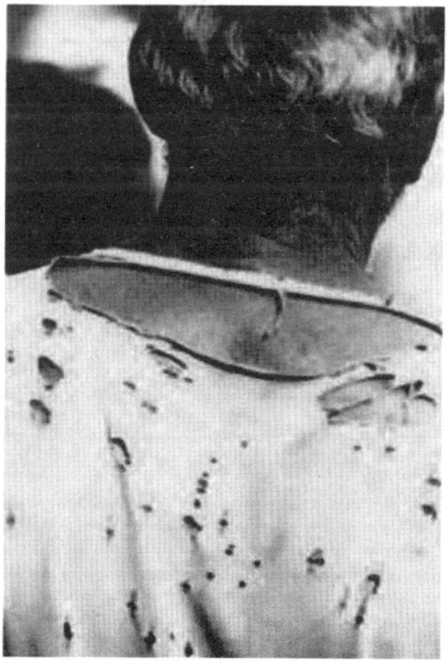

Trabalho escravo se configura pelo trabalho degradante aliado ao cerceamento da liberdade. Este segundo fator nem sempre é visível, uma vez que não mais se utilizam correntes para prender o homem à terra, mas sim ameaças físicas, terror psicológico ou mesmo as grandes distâncias que separam a propriedade da cidade mais próxima.

Disponível em: <http://www.reporterbrasil.org.br>. Acesso em: 2 set. 2010 (fragmento).

O futuro do trabalho

Esqueça os escritórios, os salários fixos e a aposentadoria. Em 2020, você trabalhará em casa, seu chefe terá menos de 30 anos e será uma mulher

Felizmente, nunca houve tantas ferramentas disponíveis para mudar o modo como trabalhamos e, consequentemente, como vivemos. E as transformações estão acontecendo. A crise despedaçou companhias gigantes tidas até então como modelos de administração. Em vez de grandes conglomerados, o futuro será povoado de empresas menores reunidas em torno de projetos em comum. Os próximos anos também vão consolidar mudanças que vêm acontecendo há algum tempo: a busca pela qualidade de vida, a preocupação com o meio ambiente, e a vontade de nos realizarmos como pessoas também em nossos trabalhos. "Falamos tanto em desperdício de recursos naturais e energia, mas e quanto ao desperdício de talentos?", diz o filósofo e ensaísta suiço Alain de Batton em seu novo livro *The Pleasures and Sorrows of Works* (Os prazeres e as dores do trabalho, ainda inédito no Brasil).

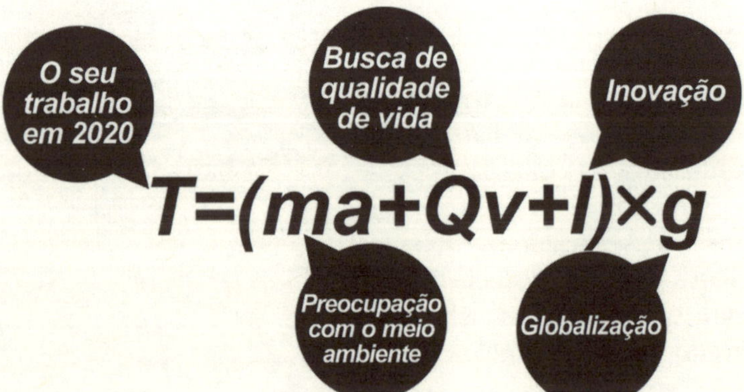

Disponível em: <http://revistagalileu.globo.com>. Acesso em: 2 set. 2010 (fragmento).

Comentários

Com o tema "O Trabalho na Construção da Dignidade Humana" os organizadores da prova de redação da edição 2010 do Enem desafiaram os participantes a produzir um texto do tipo dissertativo-argumentativo totalmente baseado na Sociologia.

Vale destacar que a coletânea de textos motivadores não era apenas constituída de linguagem verbal, já que a foto do homem vestido com uma camiseta rasgada fazia parte como texto não verbal. Ao retratar a vida sofrida de quem trabalha em condições insalubres, a imagem diz respeito a um dos problemas de mão de obra análoga à de escravos, uma vez que essa exploração também existe nos centros urbanos. O primeiro continha uma abordagem histórica, seguida de exposição da problemática do trabalho escravo, na verdade, um texto explicativo sobre a exploração de trabalhadores e de como as pessoas têm seus direitos desrespeitados.

O segundo texto de apoio apontou para o futuro, expondo noções sobre como serão as novas relações de trabalho e até mesmo como as pessoas se sentirão ao trabalharem no ambiente empresarial que surgirá e que já está surgindo. A relação entre o indivíduo e sociedade é um dos eixos dos estudos sociológicos de Émile Durkheim, que elaborou o conceito de coerção social, no qual observou que alguns grupos sociais exercem domínio sobre os indivíduos, fazendo com que assumam papéis específicos em relação a determinados fenômenos particulares.

O contraste entre as duas realidades expostas pelos textos motivadores evidencia ainda mais as vítimas do trabalho escravo contemporâneo. Os examinadores poderiam ter inserido algum texto sobre as vitórias de órgãos governamentais na libertação de trabalhadores dos grilhões de fazendeiros inescrupulosos e de outros empresários criminosos.

Os trabalhadores oriundos das camadas mais pobres e, consequentemente, com menor acesso à educação, também nutrem o sonho de melhorar de vida e, por isso, acabam caindo nas armadilhas de aliciadores. Somente o poder público tem a capacidade de resgatá-los e de punir os abusadores. A fiscalização de propriedades e a repressão aos empregadores que se utilizam de mão de obra escrava é papel do governo. Por outro lado, as previsões para 2020 contidas no segundo texto podem ser uma oportunidade para a progressão da argumentação, uma vez que o participante poderia expor ideias sobre a solução que daria para a problemática da mão de obra ainda sofrer exploração atualmente.

O segundo texto motivador também apresenta um texto com linguagem não verbal, com uma demonstração da fórmula do futuro do trabalho. A imagem traz subsídios para que a globalização seja abordada na redação, quer seja contra ou a favor. O estudante poderia tanto atribuir a culpa da miséria que leva trabalhadores a serem escravizados na contemporaneidade ao fenômeno da globalização, como também defender o processo econômico e social e discorrer sobre como o processo produtivo globalizado poderia contribuir para a melhoria das condições de vida dos trabalhadores.

O participante do Enem 2010 poderia simplesmente criticar as deploráveis relações de trabalho de alguns setores da sociedade atual, tais como na confecção de roupas e na construção civil, fazendo a devida analogia com a escravidão, e ainda aproveitar para apresentar como o trabalho em uma empresa que respeita os direitos propicia a dignidade almejada por homens e mulheres no mundo todo.

Vamos propor a estruturação da redação e verificar como poderia ser desenvolvida uma tese que defenda o ponto de vista de que as pessoas preferem a realização pessoal e a qualidade de vida a simplesmente ganharem dinheiro. Que a dignidade a ser construída por meio do trabalho tem a ver com o respeito ao meio ambiente e ao ser humano.

4.10.1. Interpretação do tema

O primeiro passo, conforme já expusemos, é interpretar o tema. É essencial que o participante do Enem compreenda perfeitamente a questão em discussão e, baseado nos textos motivadores, tenha a criatividade para produzir um texto dissertativo-argumentativo.

Enquanto um texto explica como ocorre o trabalho escravo atualmente, além de trazer uma imagem da degradante situação do trabalhador que é explorado pelo capitalismo desenfreado, sistema econômico que desrespeita a condição do próprio ser humano, ao impor-lhe meio de subsistência combatido desde Marx e Engels, o outro texto leva o leitor a sonhar com dias melhores, nos quais os empresários e os trabalhadores conviverão harmoniosamente. As empresas respeitarão o meio ambiente e os direitos trabalhistas, assim como promoverão uma nova fórmula de trabalho, conforme a imagem apresentada, na qual os talentos serão reconhecidos globalmente e a qualidade de vida terá prioridade maior do que a acumulação de riquezas.

Outras inferências que podem ser feitas a partir do primeiro texto dizem respeito ao assédio moral, ao qual muitos trabalhadores rurais e urbanos são submetidos. Foi mencionado o "terror psicológico" que simplesmente apavora homens e mulheres em seus ambientes de trabalho, pois com o temor do desemprego e das consequentes restrições que terão de enfrentar pela falta do salário, submetem-se às mais terríveis violações de direitos, como jornadas exaustivas e humilhações de toda sorte. Já no segundo texto o autor menciona ter como chefe "uma mulher", fator que poderia ser discutido. Mesmo sem apresentar estatísticas, muitos sabem que poucas mulheres ocupam o cargo de chefia nas grandes empresas.

4.10.2. Tese

Após a identificação de pontos-chaves nos textos motivadores, chega o momento de formular a tese, o ponto de vista que será defendido com argumentos e ainda ser retomado no fechamento. Conforme informado, defenderemos a ideia de que uma nova fórmula de trabalho modificará a sociedade. Para facilitar a tarefa, vamos primeiro criar uma frase-tese. Ela funcionará como uma espécie de guia, já que conterá o projeto do texto a ser desenvolvido. Uma frase que contenha toda a redação pode também ser o título, que na prova do Enem é computado como uma linha dentro do número máximo de 30. Em nossa redação optamos por não colocar título.

De acordo com Othon Moacir Garcia (2011), "frase é todo enunciado capaz de, por si só, estabelecer comunicação, podendo expressar um juízo, indicar uma ação, estado ou fenômeno, transmitir um apelo, uma ordem, um conselho". Antes de redigir o parágrafo o autor terá de começar pelo começo, ou seja, primeiro escreve uma frase e estabelece a comunicação, depois escreve outra e transmite nova ação ou, no caso em tela, criaremos uma frase que defenda o ponto de vista sobre a dignidade conquistada por meio do trabalho.

4.10.3. Frase-tese

"Vivemos em uma época na qual o homem vale pelo dinheiro que possui", seria a enunciação do que pretendemos dizer, especialmente porque teremos de fazer um contraste entre os ambientes de trabalho do presente e o do futuro. A segunda oração, que complementaria a frase, seria: "A sociedade atual privilegia mais o lado material do ser humano do que o lado espiritual".

"Vivemos em uma época na qual o homem vale pelo dinheiro que possui. A sociedade atual privilegia mais o lado material do ser humano do que o lado espiritual. Essa valorização de bens e a ambição exagerada leva o indivíduo ao extremo de escravizar seu semelhante, retirando dele a sua dignidade. A humanidade precisa caminhar para a construção de um sistema social que modifique o modo de trabalho, prefira muito mais o bem-estar ao acúmulo de riquezas e no qual os direitos fundamentais e o meio ambiente sejam respeitados. ".

A construção de um parágrafo contendo uma mensagem um tanto utópica foi a solução que encontramos para produzir uma redação que defenderá a necessidade de uma nova sociedade ser criada para pôr fim aos problemas socioeconomicos até hoje enfrentados, ao mesmo tempo em que propõe novo modelo de trabalho e de convívio entre os seres humanos.

Qualquer outra proposta poderia ter sido usada, desde que estivesse em conexão com o tema e já apresentasse um ponto de vista a ser defendido. Cabe recordar que a avaliação que vai de zero a 200 pontos segue o critério, na Competência 2, de que o participante do Enem deverá "compreender a proposta de redação e aplicar conceitos das várias áreas de conhecimento, para desenvolver o tema dentro dos limites estruturais do texto dissertativo-argumentativo".

Outro aspecto que merece ser relembrado é que o participante do Enem deve evitar ficar preso às ideias desenvolvidas nos textos motivadores, apresentados apenas para despertar uma reflexão sobre o tema e não para limitar a criatividade. Para a elaboração de um parágrafo com certa complexidade, conforme dissemos, primeiro é preciso construir uma frase. Depois, construir mais uma, de modo a acrescentar mais informações. No caso da exposição da ideia a ser defendida com argumentos, tanto o posicionamento como também os conceitos que serão empregados para convencer o leitor devem ser coerentes com o tema da redação.

Isto é, uma frase deve ser interligada a outra, conferindo a progressão textual necessária para o desenvolvimento da tese. Logo em seguida, a organização das ideias na estratégia argumentativa conferirá o sentido desejado pelo autor para convencer os avaliadores. Desenvolver o parágrafo é expor de forma pormenorizada a ideia principal deste. Por isso, o tópico frasal pode ajudar bastante.

4.10.4. Tópico frasal

Já que todos os textos são formados por parágrafos, estes devem conter uma ideia central, que é denominada tópico frasal. A primeira frase do parágrafo precisa indicar claramente o assunto e deixá-lo fácil de entender. Ela deve incluir o tema e uma opinião. No caso de nosso primeiro parágrafo, a frase inicial é composta de duas orações, mas já transmite a ideia de que defenderemos a posição que **o homem é materialista ao extremo e precisa mudar seu comportamento**. Uma das muitas importantes funções de um tópico frasal é envolver o leitor.

É importante destacar que, se o estudante optar por indicar sua opinião no tópico frasal, deverá ser capaz de defendê-la no parágrafo seguinte. É preciso ter uma posição sobre determinado assunto antes de apresentar um tema. Contudo, a opinião deve estar em algum lugar do texto, sem usar expressões como "Eu acredito que..." ou "Este trabalho é sobre...", já que o texto dissertativo deve ser impessoal.

A oração "Vivemos em uma época na qual o homem vale pelo dinheiro que possui. A sociedade atual privilegia mais o lado material do ser humano do que o lado espiritual" traz uma reflexão que já aponta para o que será exposto, ou seja, que o autor tentará convencer o interlocutor de que a sociedade não está bem e, portanto, precisa mudar. A ideia ainda foi complementada com a frase "Essa valorização de bens e a ambição exagerada leva o indivíduo ao extremo de escravizar seu semelhante, retirando dele a sua dignidade" para reforçar a discussão sobre a necessidade de mudança, ao mesmo tempo em que abre a crítica sobre a exploração do homem pelo homem.

O restante do mesmo parágrafo apresenta a tese que será defendida, ao enunciar que: "A humanidade precisa caminhar para a construção de um sistema social que modifique o modo de trabalho, prefira muito mais o bem-estar ao acúmulo de riquezas e no qual os direitos fundamentais e o meio ambiente sejam respeitados.". O parágrafo foi desenvolvido por meio da exposição da causa, motivo ou razão, bem como da consequência ou efeito do acontecimento ou fato apresentado como ideia principal. Além disso, faz uma abertura para a proposta de intervenção que será apresentada no parágrafo final.

Apesar de dar ao leitor uma amostra do que esperar no próximo parágrafo, não é conveniente apresentar todas as ideias logo no início. Não é necessário enumerar o que será defendido, mas apenas mencionar a informação de modo a despertar o interesse pela argumentação que defenderá o ponto de vista apontado e ainda criar expectativa para o fechamento.

4.10.5. Argumentação

Para redigir os parágrafos que conterão a defesa da tese não se deve, em hipótese alguma, mudar nem o assunto nem o objetivo. A argumentação deve ser elaborada com a devida coerência, ou seja, em conformidade com as ideias anteriormente mencionadas.

A tese será desenvolvida e também defendida nos parágrafos que seguirão ao de abertura da redação. Em nossa redação defenderemos o ponto de vista de que tanto a estrutura social como as relações de trabalho estão obsoletas e precisam avançar, levando em consideração que o ser humano já experimentou um sistema que se tornou corrompido e, por isso, vislumbra um novo, no qual a felicidade será mais importante do que a riqueza, concordando com o filósofo suíço mencionado no texto "O futuro do trabalho".

O desenvolvimento da argumentação central será estruturada em períodos, em parágrafos que deverão conter a justificação do ponto de vista, a consideração de objeções e a reação a elementos contrários. O objetivo será deslocar o pensamento do leitor para um plano reflexivo.

Os parágrafos que conterão a defesa da opinião do autor devem, obrigatoriamente, ser coerentes com a proposta de redação, o tema, com o ponto de vista expressado, e ainda as provas, fundamentos, fatos, exemplos, ilustrações, dados estatísticos e citações de autoridades que estiverem sendo utilizados. Além disso, o fechamento deve retomar tudo o que foi afirmado e oferecer uma solução para a problemática.

4.10.6. Estruturação dos parágrafos

Na lição de Othon M. Garcia (2011) parágrafo é a unidade de composição constituída por um ou mais períodos, em que se desenvolve determinada ideia central, a que se agarram outras, secundárias, intimamente relacionadas pelo sentido e logicamente decorrentes dela. No texto dissertativo-argumentativo, os parágrafos podem ser desenvolvidos por comparação, por causa e consequência, por exemplificação, por detalhamento, entre outras possibilidades. O essencial é que haja uma articulação entre um parágrafo e outro.

É interessante elaborar frases curtas, tomando o cuidado de articular uma com a outra. Frases escritas na ordem indireta podem ser um problema para quem não domina a técnica de substitutos textuais. Conforme explicado anteriormente, os elementos anafóricos e catafóricos; de conjunções, de locuções verbais e adverbiais; de hipônimos e hiperônimos; de conectivos e operadores argumentativos diversos, responsáveis pela coesão do texto e, portanto, precisam ser adequadamente empregados.

Chamamos a atenção para o fato de que o parágrafo, assim como a redação, deve ter uma parte introdutória, outra de desenvolvimento e mais uma de conclusão. Assim, vejamos a estrutura do parágrafo:

Introdução: também denominada tópico frasal, é constituída de uma ou duas frases curtas, que expressam, de maneira sintética, a ideia principal do parágrafo, definindo seu objetivo;

Desenvolvimento: amplia o tópico frasal pela apresentação de ideias secundárias, mas que são articuladas para melhor fundamentar a inicial;

Conclusão: se presente, retoma a ideia central, considerando a coerência com o que tenha sido apontado no desenvolvimento.

4.10.7. Estruturação dos períodos

Na produção do texto dissertativo-argumentativo os períodos são estruturados de modo complexo. No entanto, o estudante não precisa se desesperar e ficar preocupado em fazer uma análise sintática na produção de textos. Tampouco precisa decorar. A prática fará com que uma pessoa consiga se expressar na modalidade escrita da Língua Portuguesa. Pouco a pouco, frase após frase, a relação de sentido vai sendo construída e o estudante vai aprendendo a formar períodos com duas ou mais orações, desenvolvendo suas ideias por meio do uso de conjunções de causa-consequência, contradição, temporalidade, comparação, conclusão, entre outras.

4.10.8. Desenvolvimento da argumentação

Após termos compreendido o tema e interpretado os textos motivadores, o primeiro parágrafo da redação foi produzido. Nele, a tese a ser defendida foi apresentada. Agora, continuaremos com nossa redação demonstrativa. Veja como ficaria a argumentação em dois parágrafos:

Vivemos em uma época na qual o homem vale pelo dinheiro que possui. A sociedade atual privilegia mais o lado material do ser humano do que o lado espiritual. Essa valorização de bens e a ambição exagerada leva o indivíduo ao extremo de escravizar seu semelhante, retirando dele a sua dignidade. A humanidade precisa caminhar para a construção de um sistema social que modifique o modo de trabalho, prefira muito mais o bem-estar ao acúmulo de riquezas e no qual os direitos fundamentais e o meio ambiente sejam respeitados.

"Diga-me quais são os seus valores e eu lhes direi qual é a sua identidade", uma frase irônica de Zygmunt Bauman, o autor de *Modernidade Líquida*, demonstra a realidade enfrentada por muitos na sociedade contemporânea. Enquanto trabalhadores perderam a dignidade em razão da exploração que lhes foi imposta pelo capital, a classe dominante desprezou a moral por conta da sua cobiça, que não considerou a ética nem a promoção de justiça social.

A falência social e econômica do sistema trouxe uma insatisfação geral. Por não atingir suas expectativas, o indivíduo buscou um novo modo de produção flexível e que proporcionasse o bem-estar tão desejado. Empresas já formam alianças e parcerias em projetos comuns, uma vez que o mundo caminha rapidamente para uma era em que computadores e robôs executarão as tarefas rotineiras e dispensarão chefes. Isso tem levado os profissionais mais experientes e, portanto, mais velhos, a trabalharem a partir de casa, ao passo que os mais jovens comandam as estratégias gerencias para competir em um mundo globalizado, preservar o meio ambiente e manter o controle financeiro, o que exige capacidade para encontrar soluções inovadoras.

4.10.9. Conclusão

Finalizaremos o texto com a proposta de que o poder público deve implantar políticas de qualificação profissional e garantir os direitos tanto de empresas quanto de trabalhadores. Dessa maneira, a dignidade de ambos será reconstruída por meio da idealização de um novo mundo de trabalho.

Por tudo isso, o governo precisa se adaptar aos tempos modernos, no qual já vivemos. A adoção de políticas públicas para oferecer educação que qualifique a mão de obra é importante. As novas habilitações dos trabalhadores deverão causar o impacto esperado nos métodos de produção, no emprego e na renda, retirando-os da condição de vulnerabilidade. Além disso, o poder público terá de flexibilizar as leis trabalhistas, a fim de garantir a segurança necessária aos profissionais e às empresas que estão construindo um novo mundo de trabalho e, consequentemente, garantindo a patrões e empregados uma vida de plena dignidade.

4.10.10. Conectivos

A seguir, veja uma lista dos principais elementos conectivos agrupados pelo sentido. Eles poderão ser bastante úteis para a produção de textos.

Adição: e, além disso, além do mais, e ainda, e até, também, igualmente, do mesmo modo, não só... como também, não só... como ainda, bem como, assim como, por um lado... por outro, nem... nem, de novo, incluindo etc.

Alternativa: fosse... fosse, ou, ou então, ou... ou, ora... ora, quer... quer, seja... seja, alternativamente, em alternativa, senão etc.

Causa: pois, visto que, já que, porque, dado que, uma vez que, por causa de, posto que, em virtude de, devido a, graças a etc.

Certeza: com certeza, decerto, naturalmente, é evidente que, certamente, sem dúvida que etc.

Comparação: como, conforme, também, tanto...quanto, tal como, assim como, tão como, pela mesma razão, do mesmo modo, de forma idêntica, igualmente etc.

Concessão: apesar de, ainda que, embora, mesmo que, por mais que, se bem que, ainda assim, mesmo assim etc.

Conclusão / síntese / resumo: pois, portanto, por conseguinte, assim, logo, enfim, concluindo, em síntese, consequentemente, em consequência, por outras palavras, ou seja, em resumo, em suma, ou melhor etc.

Confirmação: com efeito, efetivamente, na verdade, de fato, sem dúvida, de certo, deste modo, ora, aliás, sendo assim, assim etc.

Consequência: por tudo isto, de modo que, de tal forma que, de sorte que, tanto...que, é por isso que etc.

Dúvida: talvez, provavelmente, possivelmente, porventura etc.

Explicitação / particularização: quer dizer, isto (não) significa que, por outras palavras, isto é, por exemplo, ou seja, é o caso de, em particular, a saber, entre outros, especificamente, ou melhor, assim, ressalte-se, saliente-se, importa salientar, é importante frisar etc.

Fim / intenção: com o intuito de, para (que), a fim de, com o fim de, com o objetivo de, de forma a etc.

Hipótese / condição: se, caso, a menos que, salvo se, exceto se, a não ser que, desde que, supondo que, admitindo que etc.

Ilustração / esclarecimento: por exemplo, para ilustrar, para exemplificar, isto é, quer dizer, em outras palavras, a saber, ou seja, aliás etc.

Oposição / contraste: mas, porém, todavia, contudo, no entanto, ao contrário, pelo contrário, contrariamente, não obstante, por outro lado etc.

Sequência temporal / espacial: em primeiro lugar, em um primeiro momento, antes de, em segundo lugar, em seguida, seguidamente, então, durante, ao mesmo tempo, quando, simultaneamente, depois de, após, até que, enquanto, entretanto, logo que, no fim de, por fim, finalmente, acima, abaixo, atrás, ao lado, à direita, à esquerda, ao centro, adiante, diante, em cima, em baixo, no meio, naquele lugar, detrás, por trás (de), próximo de, sob, sobre etc.

Surpresa / imprevisto: inesperadamente, de súbito, subitamente, de repente, imprevistamente, surpreendentemente etc.

"Todos temos sonhos, mas para torná-los realidade é preciso muita determinação, dedicação, disciplina e esforço.". Esta frase é do atleta norte-americano Jesse Owens (1913-1980), que participou nos Jogos Olímpicos de Verão de 1936, em Berlim, Alemanha. Ele se tornou conhecido mundialmente por ganhar quatro medalhas de ouro, ocasião em que desafiou o regime nazista e a nação americana racista da época. Em sua biografia, o atleta deixou bem claro ter ficado extremamente magoado com as atitudes de Hitler, que não o cumprimentou. Mas o que mais feriu os sentimentos de Owens foi o fato de o presidente norte-americano Franklin Delano Roosevelt não ter mandado sequer um telegrama de felicitações por suas conquistas na Olimpíada.

Com a mensagem desse atleta queremos reforçar aos leitores que não será nada fácil arranjar tempo para estudar o método de produção de textos dissertativos-argumentativos, especialmente tendo em vista que a grade curricular do terceiro ano do ensino médio é bastante complexa e com muitas disciplinas. Porém, um esforço extra em um ano da vida poderá trazer um resultado excelente para o resto dela. Vamos praticar.

Capítulo 5

Compreensão e interpretação de textos

A prova de Linguagens, Códigos e suas Tecnologias apresenta questões interpretativas, que têm por finalidade a avaliação da capacidade de compreensão que o participante do Enem tem da comunicação na modalidade escrita da Língua Portuguesa. Portanto, o estudante deve compreender os níveis estruturais da língua por meio da lógica, além de necessitar de um bom vocabulário.

As frases produzem significados diferentes de acordo com o contexto em que estão inseridas. Logo, necessário se faz um confronto entre todas as partes que compõem o texto. Além disso, é fundamental apreender as informações apresentadas por trás do texto e as inferências a que ele remete. Este procedimento justifica-se por um texto ser sempre produto de uma postura ideológica do autor diante de uma temática qualquer.

Na prova de redação do Enem são apresentados textos de diferentes tipologias para que o participante tenha orientação ou subsídios para compreender melhor a temática solicitada pela organizadora do exame e, assim, produzir o texto dissertativo-argumentativo que pode valer até 1.000 pontos.

Este capítulo contém breves ensinamentos para o estudante aprender a interpretar, de modo a alcançar os níveis de leitura de que precisa para inferir nos textos motivadores. As leituras informativa e de reconhecimento devem ser feitas de maneira cautelosa, uma vez que delas extraem-se as ideias necessárias para a formulação da tese, o desenvolvimento da redação e a formulação da proposta de intervenção que deverá ser apresentada na conclusão.

Partindo da constatação de que os textos mais frequentemente apresentados têm três formatos, estudaremos exemplos de cada um deles, a saber, textos com linguagem verbal – apresentam apenas palavras e nenhuma imagem –; textos com linguagem não verbal – apresentam apenas imagens, nas quais é necessário entender a expressão facial dos personagens, observar os elementos que o circundam –; e textos com linguagens verbal e não verbal (mistos) – apresentam imagens e palavras, em que o estudante precisa fazer uma leitura conjunta desses elementos.

O texto é uma unidade básica de organização e transmissão de ideias, conceitos e informações. De acordo com a lição de Ulisses Infante (1991), "A palavra *texto* provém do latim *textum*, que significa tecido, entrelaçamento. (...) O texto resulta de um trabalho de tecer, de entrelaçar várias partes menores a fim de se obter um todo inter-relacionado. Daí poder falar em textura ou tessitura de um texto: é a rede de relações que garantem sua coesão, sua unidade".

O texto escrito pode se apresentar em prosa ou em verso. A organizadora do Enem solicita que a redação seja escrita em "prosa". Nesta tipologia em prosa o texto é corrido, utiliza as margens completas da folha e está agrupado em frases, períodos, orações, parágrafos, capítulos etc.

Já o texto em verso não utiliza as margens completas e é estruturado em linhas que se agrupam em estrofes, que podem levar em consideração aspectos como ritmo, rima, métrica, tônica, entre outros.

5.1. Tipos de textos e gêneros textuais

A linguística textual surgiu na década de 1960 na Europa, e se disseminou no Brasil na década de 1970. Nesse período, a principal preocupação dessa corrente era descrever os fenômenos sintático-semânticos presentes nos enunciados. Na década de 1970, muitos linguistas se preocuparam em construir uma gramática de texto, pois havia sentenças que a gramática de frase não conseguia explicar. Então, segundo Ingedore Villaça Koch (2002, p. 11), o texto passa a ser conceituado pelos linguistas como "uma unidade linguística com propriedades estruturais específicas", e não mais como uma sequência de sentenças isoladas.

Na prova de redação do Enem a apresentação dos textos motivadores pode conter uma charge, uma tirinha, um anúncio veiculado em publicação impressa, entre outros tipos de textos. De qualquer modo, é importante lembrar que ao se deparar com um texto deve haver o estabelecimento de um diálogo com ele, no qual o leitor terá de detectar algumas pistas acerca do tema de que trata. Precisará fazer dois tipos de leitura: a primeira, informativa, uma espécie de reconhecimento do assunto em pauta; a segunda deve ser interpretativa, na qual ele deve buscar a compreensão dos pormenores, como se diz popularmente, "o que está escrito nas entrelinhas".

A tipologia textual traz diferentes tipos de texto, de acordo com a forma como se apresentam. Os existentes são: narração, descrição, dissertação, exposição, informação e injunção. A prova de redação do Enem sempre apresenta temas de cunho sociológico, para os quais os textos de apoio ajudam bastante. Geralmente, são apresentados trechos retirados de revistas e de jornais de circulação nacional.

Já o gênero textual consiste no modo de classificar os tipos de textos. O gênero pode ser concebido como um elemento do código, ao modo de um conjunto de recursos que auxiliam na formulação de uma ação de linguagem, a fim de transmitir uma mensagem.

Vejamos quais são os tipos de texto e seus principais gêneros antes de apresentarmos uma análise das provas de últimas edições do Enem.

O TEXTO NARRATIVO – narrar é falar sobre os fatos. É contar. Consiste na elaboração de um texto inserindo episódios, acontecimentos. Os elementos de fundamental importância na narrativa são o espaço e o tempo, pois permitem que se saiba onde e quando se passa a ação. No texto narrativo, existe um narrador, que pode estar presente ou ausente, contando uma história. A personagem principal ou protagonista é a que desempenha o papel mais importante, as outras personagens têm um papel menos destacado. O enredo segue um roteiro com as seguintes perguntas: o quê, quem, como, onde, quando e por quê, além de conter a consequência dos fatos. É o tipo predominante nos gêneros: conto, fábula, crônica, romance, novela, depoimento, piada, relato etc.

O TEXTO DESCRITIVO – o texto descritivo é aquele que explica com palavras o que se viu e se observou. Descreve o cenário onde uma ação se desenvolve e as personagens que dela participam. Está presente no cotidiano, tanto na ficção, nas novelas, como em jornais e revistas. No texto descritivo, o autor capta e transmite a realidade através de seus sentidos. Caracteriza-se pela exposição de detalhes significativos de pessoas, objetos e situações, levantados a partir de sua percepção. Tem predominância em gêneros como: cardápio, folheto turístico, anúncio classificado etc.

O TEXTO DISSERTATIVO – não está preocupado com a persuasão, mas, sim, com a transmissão de conhecimento. Portanto, é um texto informativo. Já o texto que mescla a dissertação com a argumentação expõe ideias e argumentos em defesa delas. Em uma perspectiva que leva em conta a relação entre escritor e leitor, esse tipo pode ser predominantemente persuasivo, buscando convencer alguém de alguma coisa. Os principais gêneros são: aula, resumo, textos científicos, enciclopédia, textos expositivos de revistas e jornais.

O TEXTO EXPOSITIVO – usado para explicar um assunto, tema, coisa, situação ou acontecimento que se pretende desenvolver ou apresentar, em pormenor, referindo o tempo, o espaço, a importância ou as circunstâncias de um acontecimento. Utiliza a apresentação de fatos, acontecimentos, situações, ideias ou conhecimentos que um emissor tenta fazer chegar e dar a entender ao seu interlocutor. A função informativa é a que predomina. A atividade do emissor consiste em refletir e apresentar, de forma objetiva, determinados aspectos da realidade, proporcionando ao receptor a informação que julga ser útil ou necessária. Os principais gêneros são: manuais, regras de um jogo e livros de consulta.

O TEXTO INFORMATIVO – tem a função de informar o leitor a respeito de algum fato, como ocorre em uma notícia de jornal, de revista, em folhetos e sites. Diferencia-se do texto expositivo por não expor ideias. O texto informativo apenas informa, porém pode apresentar uma análise desta informação, de forma implícita ou explícita. As suas características básicas são: o uso da função referencial da linguagem, ser escrito na terceira pessoa e predominância da linguagem clara.

O TEXTO INJUNTIVO – uma frase injuntiva é uma frase que exprime uma ordem, solicitando ao locutor que execute ou não execute uma ação específica. As formas verbais específicas destas frases estão no modo injuntivo, e o imperativo é uma de suas formas, porém nota-se também o uso do infinitivo e o uso do futuro do presente do modo indicativo. Por injuntivo entende-se a função da linguagem chamada "conativa" ou "imperativa" – aquela com a qual o emissor impele o receptor a agir de determinada maneira. Indica como uma ação deve ser realizada. Também é utilizado para predizer acontecimentos e comportamentos. Utiliza linguagem objetiva e simples. Os gêneros mais comuns são: receitas culinárias, manuais, leis, convenções, regras, bula de remédios etc.

5.2. O processo de comunicação

A comunicação pode ser entendida como um processo de transferência de informações e influenciação, envolvendo duas ou mais pessoas. Conforme destaca David Berlo (1997, p. 18): "O desenvolvimento das formas de comunicação levou à construção de um modelo interpretativo". Para esse autor, o processo de comunicação contém os seguintes elementos:

1. O emissor ou fonte – é o indivíduo ou grupo que emite a mensagem.

2. A codificação – codificar uma mensagem significa formular o conteúdo por meio de símbolos (palavras, desenhos, gestos etc.) e selecionar o veículo eficaz para sua transmissão.

3. A mensagem – considera-se mensagem qualquer informação ou estímulo transmitido a alguém, que envolva informações ou sentimentos.

4. O canal – é o veículo utilizado para transmitir a mensagem, como o meio verbal, o papel, e os meios de comunicação eletrônicos. O canal seria o meio físico de transmissão de sinais como é o caso do rádio, da televisão e da internet.

5. A decodificação – ocorre quando a mensagem veiculada por um emissor chega ao seu destino e os símbolos utilizados na codificação são traduzidos em informações e sentimentos pelo receptor.

6. O receptor – é a pessoa ou grupo a quem se destina a mensagem.

A teoria da comunicação está na "Retórica", obra em que Aristóteles (2001) expõe o que veio a ser entendido como o primeiro modelo do processo de comunicação. Para explicar o processo de convencimento de um auditório, na definição do que vem a ser a retórica e sua teoria da argumentação, Aristóteles relaciona três componentes centrais para que o processo se desencadeie: o falante, o discurso e o ouvinte.

Para compreender estes elementos é preciso levar em conta a proposição aristotélica de três molduras a partir das quais o discurso se realiza. São três os gêneros de discurso oratório: o deliberativo, o forense e o demonstrativo, do mesmo modo que três são os elementos: a pessoa que fala, o assunto de que se fala e a pessoa a quem se fala. Para o filósofo, o ouvinte é aquele que determina a finalidade e o objetivo do discurso.

Note que uma mensagem é enviada por um emissor, mas o receptor pode determinar a finalidade e o objetivo dela. Segundo Aristóteles, o ouvinte (no nosso caso, o leitor) é, necessariamente, espectador ou juiz.

Aristóteles foi o primeiro filósofo a expor uma teoria do processo de comunicação. O objetivo é o de conseguir uma transmissão de mensagens mais eficaz, capaz de persuadir e de convencer diversos auditórios de que uma dada opinião é preferível à outra, que pode ser semelhante e até mesmo ser completamente contrária.

É neste contexto que opiniões, valores e conceitos serão fundamentais na construção do argumento, determinando a aceitação ou a rejeição de uma tese ou proposta de solução para uma dada problemática, que pode tornar-se discutível no seio de um debate. Pessoas podem apresentar contra-argumentos à tese, fazendo com que o emissor da mensagem seja forçado a apresentar novos argumentos a fim de manter sua credibilidade.

5.3. Funções da Linguagem

Durante a comunicação alguns elementos podem ser colocados em evidência. Quando isso ocorre, temos as funções da linguagem. São seis funções ao todo, cada uma delas enfatizando um dos elementos da comunicação. Vejamos:

Função emotiva: o emissor é colocado em evidência. Os textos mais comuns com esta função são poemas e letras de músicas.

Função conativa: o receptor é colocado em evidência. Os textos mais comuns com esta função são as propagandas. É importante ressaltar que conativa nada tem a ver com conotativa. Conativa é uma função da linguagem, em que se põe em evidência o interlocutor, enquanto conotativa é uma forma figurada com a qual a linguagem se apresenta.

Função fática: o canal é posto em evidência. Os exemplos mais comuns desta função estão nas saudações "oi", "olá", e a saudação telefônica "alô".

Função metalinguística: o código é posto em evidência. Os exemplos mais comuns de textos com essa função são as gramáticas e os dicionários.

Função poética: a construção da mensagem tem ritmo, sonoridade, valores conotativos e figuras de palavras. Os exemplos mais comuns são poemas em que a linguagem é visivelmente trabalhada para causar impacto estético.

Função referencial: o contexto é posto em destaque. O que importa é o assunto a ser tratado, não a forma como ele foi tratado. Os exemplos mais comuns dessa função estão nos textos científicos e jornalísticos.

É raro encontrar textos que apresentem apenas uma das funções. O mais comum é que o mesmo texto apresente várias funções, sendo que uma delas prevalecerá.

5.4. Conotação e Denotação

A denotação é a significação objetiva da palavra. Quando uma palavra é usada no significado original, independentemente do contexto em que aparece. É o sentido real, concreto, aquele do dicionário.

A conotação resulta do acréscimo de outros significados paralelos ao significado de base da palavra, isto é, outro plano de conteúdo pode ser combinado ao plano da expressão, com as impressões, valores afetivos e sociais, negativos ou positivos ou reações psíquicas que uma palavra pode ter. Portanto, o sentido conotativo difere de uma cultura para outra, de uma classe social para outra, de uma época a outra.

Dessa maneira, podemos dizer que os sentidos das palavras compreendem duas ordens: referencial ou denotativa; e afetiva ou conotativa. A palavra tem valor referencial ou denotativo quando é tomada no seu sentido usual ou literal, isto é, naquele que lhe atribuem os dicionários.

DENOTAÇÃO	CONOTAÇÃO
palavra com significação restrita	palavra com significação ampla
palavra usada de modo automatizado	palavra usada de modo criativo
linguagem comum	linguagem rica e expressiva
palavra com sentido comum do dicionário	palavra cujos sentidos extrapolam o sentido comum

5.5. Interpretação dos textos motivadores da redação do Enem 2009

Escolhemos a prova de redação aplicada na edição 2009 do Enem para essa primeira análise de nosso curso,a qual abordou o comportamento humano e trouxe o tema “O indivíduo frente à ética nacional”. Acompanhada de dois textos de apoio: um que falava sobre o comportamento do brasileiro na atualidade, e outro sobre corrupção, a proposta trazia também uma tira de Millôr Fernandes, contendo uma crítica sobre a dificuldade de encontrar pessoas honestas.

Os textos foram extraídos de uma revista de circulação nacional e de um jornal de São Paulo, com influência na formação de opinião em todo o país. O primeiro, um texto de Lya Luft, retirado da revista Veja, e o segundo de Contardo Calligaris, publicado no site da Folha de São Paulo, ambos refletindo sobre indignação e corrupção.

O trecho do texto de Lya Luft, do artigo de opinião, fazia a reflexão "tenho medo disso que nos tornamos ou em que estamos nos transformando", que estava conectado com os dizeres da charge de Millôr. Também o trecho do artigo de opinião de Calligaris trazia a desilusão de quem acredita que a corrupção está tão enraizada que não poderemos jamais ficar livres dela. Vamos observar a ilustração e os textos antes de verificarmos como a sua interpretação pode auxiliar na tarefa de produzir um texto dissertativo-argumentativo.

Millôr Fernandes

Disponível em: <http://www2.uol.com.br/millor>. Acesso em: 14 jul. 2009.

> Andamos demais acomodados, todo mundo reclamando em voz baixa como se fosse errado indignar-se. Sem ufanismo, porque dele estou cansada, sem dizer que este é um país rico, de gente boa e cordata, com natureza (a que sobrou) belíssima e generosa, sem fantasiar nem botar óculos cor-de-rosa, que o momento não permite, eu me pergunto o que anda acontecendo com a gente. Tenho medo disso que nos tornamos ou em que estamos nos transformando, achando bonita a ignorância eloquente, engraçado o cinismo bem-vestido, interessante o banditismo arrojado, normal o abismo em cuja beira nos equilibramos — não malabaristas, mas palhaços.

LUFT, L. Ponto de vista. **Veja**. nº 1.988, 27 dez. 2006 (adaptado).

Qual é o efeito em nós do "eles são todos corruptos"?

As denúncias que assolam nosso cotidiano podem dar lugar a uma vontade de transformar o mundo só se nossa indignação não afetar o mundo inteiro. "Eles são TODOS corruptos" é um pensamento que serve apenas para "confirmar" a "integridade" de quem se indigna. O lugar-comum sobre a corrupção generalizada não é uma armadilha para os corruptos: eles continuam iguais e livres, enquanto, fechados em casa, festejamos nossa esplendorosa retidão. O dito lugar-comum é uma armadilha que amarra e imobiliza os mesmos que denunciam a imperfeição do mundo inteiro.

CALLIGARIS, C. **A armadilha da corrupção.**
Disponível em: <http://www1.folha.uol.com.br> (adaptado).

Comentários sobre os textos motivadores

Em primeiro lugar, notemos que os dizeres na charge de Millôr não selecionam uma parcela da população, mas abrangem a todos, uma vez que "só lidar com gente honesta" traz a ideia de que a população em geral concorda, apoia ou simplesmente está passivelmente acomodada com a situação.

O segundo texto motivador foi extraído de artigo de Lia Luft, no qual a autora aponta os defeitos do comodismo do brasileiro, que reclama e não age, não toma uma atitude contrária ao que julga ser errado, como também examina o ufanismo (patriotismo exagerado) e ainda faz dura crítica ao estereótipo de "brasileiro palhaço", remetendo à conceituação do "homem cordial", elaborada pelo historiador brasileiro Sérgio Buarque de Holanda (2012), na qual traz o debate de que a "cordialidade" típica dos brasileiros levou a uma relação problemática entre instâncias públicas e privadas.

O terceiro texto motivador é um trecho do artigo de opinião do psicanalista Contado Calligaris, que examina efeito de sentidos que a oração "eles são todos corruptos" tem na população. O autor explica que "eles" são os políticos e critica a atitude dos brasileiros de olhar para o que está errado como forma de enaltecer a sua própria integridade. Para Calligaris, a capacidade de agir como cidadãos está comprometida, em razão de aqueles que apontam o dedo para os defeitos nada fazerem para mudar a situação. A partir dessa interpretação dos textos e da charge, o estudante teria condições de criar uma proposta de intervenção social na qual pudesse participar ativamente da conclamação para uma mobilização frente à ética nacional.

O importante é não se afobar na hora da prova, e quando o "bicho pegar" conseguir manter a calma para compreender o que o autor do texto quis transmitir. As questões que virão à mente após a leitura serão importantes ao participante para inferir nos textos – termo que, segundo o dicionário ***Aulete***[8] é proveniente do latim [F.: Do v.lat. *inferere, por inferre.] – e que significa "concluir ou deduzir (algo) a partir de exame dos fatos e de raciocínio [td. : Analisando os indícios, o policial inferiu a causa do crime.] [tdr. + de : O bolsista inferiu dos textos lidos dados para sua pesquisa.]".

Veja algumas dicas para a leitura dos textos motivadores.

1. Enquanto lê todo o texto, procure ter uma compreensão geral do assunto;

2. Se encontrar palavras desconhecidas, não interrompa a leitura;

3. Infira no texto, isto é, analise e raciocine a fim de tirar conclusões sobre o que leu;

4. Volte ao texto quantas vezes precisar;

5. Não permita que as suas ideias prevaleçam sobre as do autor;

6. Caso necessário, fragmente o texto (parágrafos, partes) para uma melhor compreensão;

7. O autor defende ideias e você deve percebê-las.

5.6. Semântica

A semântica linguística estuda o significado usado para nos expressarmos através da linguagem. Semântica é, portanto, a denominação dada ao estudo da significação das palavras, o que elas representam, a sua denotação.

É importante destacar que os termos que compõem uma oração e, consequentemente formulam um texto, possuem uma parte significante e outra de significado. Significante é a parte física da palavra (os fonemas e as letras), enquanto significado é o sentido da palavra, que provoca na mente do ouvinte ou do leitor uma imagem ou uma ideia. Além disso,

8. Disponível em: <www.aulete.com.br/>.

os textos também podem apresentar outros fenômenos linguísticos, tais como a sinonímia e a antonímia.

A sinonímia é o fenômeno em que palavras diferentes apresentam o mesmo significado ou significados bastante próximos. Exemplos: casa – moradia, lar, teto; rosto – face, semblante, cara; zelo – cuidado, carinho. Isto é, são os sinônimos das palavras, que podem ser usados para ampliar o repertório na comunicação escrita. Já antonímia é o fato semântico em que as palavras apresentam significados contrários. Exemplos: economizar – gastar; largo – estreito; riqueza – pobreza.

5.7. Linguagem figurada

Alguns textos podem conter palavras ou expressões com linguagem figurada, o recurso que utilizamos para maior riqueza da expressão. Nem sempre as palavras em seu sentido mais comum servem para dizer profundamente o que queremos dizer. Geralmente, as figuras de linguagem auxiliam o trabalho artístico na escolha e combinação das palavras, saindo do racional, da lógica, do comum. Vejamos quais são as principais figuras de linguagem.

Metáfora: é uma figura de linguagem que consiste na substituição de uma palavra por outra, uma comparação para transferir o significado de um elemento para o outro, isto é, o emprego figurado, simbólico de uma palavra. Tem um caráter subjetivo. O uso figurado não é útil conceitualmente, já que tem o papel de "embelezar" as ideias. A metáfora compara seletivamente, destacando as qualidades de um sujeito consideradas importantes para aquele que a usa. Exemplo: *Meu pensamento é um rio subterrâneo* (Fernando Pessoa).

Catacrese: é um tipo especial de metáfora. É a figura de linguagem que se estabelece quando uma palavra é empregada com um sentido diferente do sentido comum do dicionário, a fim de suprir a falta de um termo adequado. Exemplos: *céu da boca, dente de alho, pele de tomate, pé da mesa.*

Comparação: é semelhante à metáfora, usada para demonstrar qualidades ou ações de elementos. Ocorre quando usamos palavras ou expressões para fazer uma relação comparativa. O que diferencia a comparação da metáfora é o uso de locuções subordinadas, por exemplo, "como, assim como, tal como, igual a, que nem". Exemplo: *o amor queima como fogo.*

Hipérbole: é um caso especial de metáfora usada para passar uma impressão de exagero, na qual o elemento de comparação é um extremo em relação ao comparado. Exemplos: *cuspir fogo pela boca; comer o pão que o diabo amassou; chorar lágrimas de sangue.*

Metonímia: a substituição do sentido de uma palavra ou expressão por outro sentido, havendo entre eles uma relação de proximidade de sentidos que permita essa troca. Exemplos: *Ele é um bom garfo* (come bem); *Ela tem ótima cabeça* (tem inteligência).

Eufemismo: é uma figura de linguagem que substitui um termo, ou uma expressão rude, por outro mais suave e agradável, com o objetivo de suavizar a mensagem. Exemplo: *Você faltou com a verdade* (para não chamar o indivíduo de mentiroso).

Prosopopeia ou personificação: é uma figura de linguagem que consiste em atribuir a objetos inanimados ou seres irracionais sentimentos ou atitudes próprias dos seres humanos. Exemplo: *o dia está triste; o sol está feliz.*

Antítese: consiste na aproximação de palavras que expressam ideias contrárias. Exemplos: *Onde queres bandido, eu sou herói. Não existiria luz se não fosse a escuridão.*

Paradoxo: é uma declaração aparentemente verdadeira que leva a uma contradição lógica, ou a uma situação que contradiz a intuição comum. Exemplo: *Fernanda adora estudar, mas detesta gramática.*

Pleonasmo: consiste na repetição de um termo já expresso, com objetivo de enfatizar a ideia. Exemplo: *Vi com meus próprios olhos.*

Ironia: é a utilização de termo com sentido oposto ao original, de modo a obter valor irônico. Exemplo: *ele é tão delicado como um macaco em uma loja de cristais.*

Aliteração: figura de linguagem que consiste em repetir consoantes, vogais ou sílabas em um verso ou em uma frase, especialmente as sílabas tônicas. É comumente usada na poesia. Exemplos: *o rato roeu a roupa do rei de Roma.*

Onomatopeia: é a figura de linguagem que imita barulhos, ruídos, sons e movimentos, não apenas de pessoas, mas também de animais, objetos e coisas. Exemplos: *ding dong!* (campainha); *nhac!* (mordida)

Sinédoque: figura de linguagem que consiste no emprego de uma palavra em lugar de outra na qual está compreendida, com a qual tem íntima conexão: pão, por alimento; vela, por navio.

Hipérbato: alteração dos termos na oração, ou das orações no período, isto é, há uma inversão na ordem direta que é sujeito, complementos e adjunto. Ex.: *Morreu o presidente. Tocava a banda uma música horrorosa.*

5.8. Uso dos textos de apoio

Vale lembrar que após a reflexão sobre a compreensão dos textos motivadores será o momento em que o participante do Enem deverá formular a tese que defenderá em sua dissertação. A partir daí, poderá se posicionar contra ou a favor, considerando o respeito aos direitos humanos.

No caso da proposta de redação do Enem 2009, o participante poderia ter optado por uma posição contrária. Assim, o ponto de vista a ser defendido deveria criticar os brasileiros. Já se a opção fosse por uma tese favorável, a argumentação teria de enaltecer a atitude dos brasileiros que não se calam frente aos abusos e atos antiéticos de políticos e outras autoridades públicas.

Após ter tomado partido, o participante precisaria ainda elaborar uma estratégia argumentativa em defesa do ponto de vista, sempre tendo em mente a necessidade de convencer com explicações, citações, fatos e outros elementos, que devem todos estar harmoniosamente unidos ou relacionados com a opinião expressada na tese.

É fundamental ter a consciência de que os textos motivadores servem somente para a orientação sobre o tema da redação, nunca para serem copiados. Já demonstramos que até mesmo a cópia de um trecho dos textos motivadores pode reduzir a nota que os avaliadores atribuirão, de acordo com os seis níveis da tabela de desempenho que será utilizada para avaliar a competência de dissertar e de argumentar, defendendo uma posição relacionada ao tema.

Em tópico específico estudaremos tudo sobre a formulação da tese, parte desta obra na qual o leitor encontrará os ensinamentos para convencer os interlocutores a respeito de seu ponto de vista. Por ora, vamos passar ao conhecimento da estrutura do texto dissertativo-argumentativo.

Capítulo 6

A estrutura do texto dissertativo-argumentativo

A prova de redação do Exame Nacional do Ensino Médio requer do participante a produção de um texto em prosa, do tipo dissertativo-argumentativo, ou seja, podemos perceber desde logo que se trata de uma tipologia textual dupla, já que além de dissertar o redator terá ainda que argumentar. A dissertação é um tipo textual expositivo, uma vez que desenvolve e explica um assunto. Conforme já esclarecemos, é a tipologia usada na apresentação científica, no relatório, no artigo enciclopédico. Em princípio, o texto dissertativo não tem a finalidade de persuadir, mas o objetivo de transmitir conhecimento. Portanto, é classificado como um texto expositivo.

Já a finalidade do texto argumentativo é justamente persuadir o leitor sobre o ponto de vista do autor a respeito do assunto que estiver em questão. A elaboração de um discurso que explica um assunto, ao mesmo tempo em que tenta convencer o receptor da mensagem acerca da veracidade de uma determinada opinião emitida sobre o tema exposto consiste em uma dissertação-argumentativa. É fundamental que o texto privilegie o discurso indireto (escrito na terceira pessoa do singular e verbo na voz ativa com o uso da partícula "se"), embora possa ser redigido com o sujeito indeterminado na voz ativa (terceira pessoa do plural). Isto é, a redação precisa ter impessoalidade. Esse aspecto é muito relevante no tipo textual dissertativo-argumentativo, uma vez que a intenção do autor ao se posicionar sobre uma ideia em discussão é convencer o interlocutor de seu ponto de vista.

A impessoalidade de um texto é caracterizada ao substituirmos expressões como "eu acho", "na minha opinião", "do meu ponto de vista" por "convém observar", "vale lembrar", "é preciso considerar", "é indispensável / é importante", entre outras que confiram ao texto um tom universal, ou seja, que isentem o autor de qualquer envolvimento. Apesar de haver a obrigatoriedade da elaboração de uma proposta de intervenção, o autor da redação poderá ser uma voz por trás do texto. Uma tese deve ter a conclusão, assim como um editorial de jornal, porém em momento algum o autor demonstra que tenha chegado a ela em tom de exaltação. O fechamento é demonstrado como algo verdadeiro, concreto, já questionado e verificado. Não se deve colocar "eu concluo que o governo deveria...", mas sim uma oração impessoal, do tipo "em vista do exposto, conclui-se que o governo deveria...".

Vamos estudar aspectos importantes para a elaboração da redação do Enem, separando as três etapas fundamentais para a produção de uma dissertação-argumentativa nota máxima.

6.1. A composição do discurso

Da retórica, que consiste na arte da comunicação oral e escrita, podemos extrair a lição que a elaboração de uma redação e a formulação da estratégia que será utilizada para a sua exposição requerem que o autor atente a vários aspectos que se complementam.

Para simplificar, podemos dizer que o autor precisa antes de tudo pensar no "que" pretende comunicar, em seguida "como" fará essa comunicação. Esses são os dois primeiros passos necessários para a produção de um texto que encante os avaliadores e obtenha a nota máxima no Enem.

O escritor e orador romano Quintiliano (Marcus Fabius Quintilianus, 35-95 d.C.) foi o primeiro professor remunerado da História. Lecionou gramática e retórica em Roma, período em que escreveu *Institutos de Oratória*, redigida em 12 livros. Este autor compilou o que chamou de "os cinco cânones da retórica", que são: invenção (*Inuentio*); arranjo (*Dispositio*); estilo (*Elocutio*); memória (*Memoria*); e apresentação/performance (*Pronuntiatio*).

Esses cânones, na verdade, são etapas que um estudante pode usar para compor o texto dissertativo-argumentativo, valendo-se de técnicas milenares, mas que podem levá-lo a produzir uma excelente redação. Vamos fazer uma observação nas cinco etapas e verificar como elas podem ajudar na elaboração da redação do Enem, antes de verificarmos o que o edital do exame determina sobre a estrutura textual em análise.

6.2. As cinco etapas da criação discursiva

Agora, estudaremos técnicas interessantes para a produção da redação do Enem, baseadas nos ensinamentos de Quintiliano, professor que modificou a didática em sua época.

6.2.1. Invenção

O primeiro dos cânones formulados por Quintiliano, a invenção, nada mais é do que a descoberta, um método para selecionar os argumentos necessários ao convencimento. Para um projeto de tese ser realizado, o estudante precisa fazer algumas indagações preliminares. Em primeiro lugar, é preciso saber exatamente qual o tema sobre o qual a dissertação discorrerá, visto que antes de elaborar a estratégia argumentativa o autor terá de estar totalmente consciente do que pretende explicar. É necessário ter a tese pretendida na ponta da língua, o que implica conhecimento prévio do problema a ser abordado.

A formulação precisa buscar sempre o aprofundamento da compreensão teórica acerca de tópicos que possam ser claramente explicados. Sendo assim, o estudante precisa indagar a si mesmo o que sabe sobre o tema, já que terá de fundamentar as afirmações que fizer com uma argumentação rigorosamente consistente, isto é, muito bem fundamentada.

Nesta etapa que requer pensamento crítico, o aluno poderá tentar responder algumas perguntas: a resposta que pretende dar vai solucionar um problema ainda sem solução? Escreverá sobre o que já se sabe de uma maneira geral? De que ângulo deverá abordar o problema?

Uma boa ideia é organizar uma espécie de método, ou seja, preparar um tipo de organização e de exposição do pensamento que condicione as formas de exposição do conhecimento e as prioridades. É importante pensar nas possíveis contra-argumentações. Vale lembrar que a primeira etapa será de elaboração de uma proposição que se aceita de forma provisória, como ponto de partida de uma dissertação. A verdade ou refutação da hipótese é determinada graças a raciocínios e argumentações válidas.

Esse é o maior desafio que o autor enfrentará: discernir o que vai escrever e o modo como fazer, pois é aí que ele reúne o material e escolhe as técnicas que mais bem se ajustam à defesa da sua tese.

6.2.2. Arranjo

O segundo, o arranjo, é um cânone no qual o redator precisará ter certa lógica, uma vez que a ordenação dos elementos que utilizará para a argumentação deverá ser a mais didática possível, de modo a tornar a tarefa de redigir mais fácil.

É fundamental que o estudante perceba que a argumentação é comunicar, é raciocinar, é propor e dar razões para que o interlocutor possa aderir à proposta. A tarefa de ordenar os conteúdos da argumentação da forma mais adequada e convincente possível é dispor os argumentos que serão utilizados na melhor sequência possível, uma vez que poderá haver necessidade de expandir determinado ponto de argumentação, ou de desenvolver um subtema, uma narração ou descrição que informe a causa, situe e clarifique a questão, sempre baseado em uma razão.

Nesta etapa, a organização das ideias é que fará uma redação ser melhor avaliada. É importante ter o primeiro argumento em primeiro lugar, o segundo em segundo e assim por diante. Aquele velho ditado de "não passar a carroça na frente dos burros" vale muito nesta hora. O estudante poderá usar exemplos, dados estatísticos, comparações, entre outras estratégias, mas o essencial é que estejam encadeadas da maneira mais lógica possível.

6.2.3. Estilo

Já o estilo, o terceiro cânone, é muito mais do que uma questão de estética literária, uma vez que para Quintiliano trata-se de uma questão de poder de convencimento que reforça a dimensão funcional da retórica como arte da persuasão (MIRANDA, 2014).

O estilo tem a ver com a leitura do redator, isto é, a diversidade de gêneros e de autores que figuram na estante de uma pessoa poderá influenciar grandemente na produção de textos que esse estudante fará na vida, já que "a estilística se cruza com a argumentação acentuando a unidade essencial da retórica e do poder da linguagem" (MIRANDA, 2014). Para Quintiliano, "a abundância de argumentos e de palavras é a primeira condição que permite ao orador ir além do discurso cotidiano e, assim, alcançar a eloquência". Portanto, é fundamental que o estudante construa o hábito da leitura, de modo a se tornar um bom redator.

Quintiliano ensinou gêneros discursivos diferentes, mas todos com o propósito de persuadir: o sutil, o florido e o grandioso. O gênero sutil tem a finalidade de ensinar, por meio da agudeza, narrar e provar os casos, mas prescinde de outras virtudes. O gênero florido ou mediador tem a função de agradar ou conciliar o ouvinte, por meio da brandura. Para isso, o autor fará uso de metáforas e toda sorte de figuras de linguagem capazes de tornar o discurso doce e agradável. O gênero grandioso ou sublime usa o vigor. Por meio de amplificações, o autor alcança vigor suficiente para arrebatar aqueles que quer convencer, valendo-se dos mais diversos argumentos, de acordo com a tese que defende.

A estilística é um recurso com elevado poder persuasivo, uma vez que a elegância no modo de escrever aumentará a probabilidade de atrair e de prender a atenção do leitor. A publicidade faz uso da metáfora, da hipérbole, da antítese. Obviamente, um participante do Enem que usar um estilo informal receberá uma nota abaixo da média nacional, uma vez que gírias e expressões como "tá ligado" e outras devem ser evitadas.

O estilo diz respeito ao modo como o redator apresentará o seu texto, escrevendo a dissertação com elegância, com um repertório de vocábulos que conquiste os avaliadores. Vale destacar que não é um vocabulário requintado que levará o examinador a se apaixonar pela redação, mas palavras simples também podem atrair a atenção e estimular o interesse, desde que sejam colocadas adequadamente e com a objetividade que leve o leitor a compreender claramente a mensagem transmitida.

6.2.4. Memória

A memória é a capacidade de adquirir, armazenar e recuperar informações disponíveis. Após a relação feita entre conhecimentos prévios e o que se pretende explicar, poderão ser usadas em um discurso. Isto é, o estudante poderá memorizar argumentos para possível reapresentação ou reutilização, de acordo com o tema proposto na prova de redação do Enem.

Neste ponto, a visão de mundo do estudante fará grande diferença. No que diz respeito ao processo discursivo, aquilo que foi observado em suas leituras ou experiências auxiliará bastante na formulação de argumentos válidos para a defesa de seu ponto de vista.

O estudante não precisa memorizar, mas apenas construir um repertório que será útil no momento em que precisar produzir um texto dissertativo-argumentativo.

Em recente artigo publicado pela revista *Galileu*[9], intitulado *Três maneiras de melhorar sua memória comprovadas pela ciência,* trouxe dados de uma pesquisa norte-americana que revelou impressionantes estatísticas sobre a retenção de informações e de como é possível ter o controle para se lembrar do que foi armazenado na memória.

A primeira maneira é fazer associações com objetos físicos, a segunda é não memorizar somente por repetição, mas entender o contexto. A terceira é rabiscar enquanto estuda.

9. Disponível em: <http://revistagalileu.globo.com/Life-Hacks/noticia/2015/02/3-maneiras-de-melhorar-sua-memoria-comprovadas-pela-ciencia.html>. Acesso em: 8 fev. 2015.

6.2.5. Apresentação

A forma como o autor expõe a sua tese, contendo as provas e argumentos com o objetivo de convencer e ainda oferecer uma proposta de intervenção pode ser entendida como uma apresentação. Em uma redação, o autor não terá de se apresentar ao público. Portanto, não precisará aprender a gesticular corretamente, já que o sucesso do discurso não dependerá da aparência física e da habilidade oratória ou eloquência.

A ação das técnicas de Quintiliano designa a pronunciação efetiva do discurso. Tem a ver com um fator essencial da persuasão retórica, com a imagem do orador e, portanto, a sua credibilidade depende da sua presença física face ao auditório.

No caso da redação do Enem podemos fazer a analogia com a apresentação estética, isto é, com a caligrafia. Se um estudante não conseguir escrever com uma letra bonita e legível, mesmo que tenha ideias maravilhosas e um vasto repertório de argumentos, com um domínio excelente da Língua Portuguesa, não conseguirá transmitir a mensagem. Logo, a apresentação sofrível receberá uma nota igualmente ruim.

6.3. Os seis "pecados capitais" na redação do Enem

Após termos discorrido sobre técnicas milenares que podem ser úteis para a tarefa de composição de texto vamos verificar a estrutura da dissertação-argumentativa, de modo que o estudante tenha bem claro em sua mente como deverá produzir a redação no Enem.

De acordo com o Instituto de Estudos e Pesquisas Educacionais Anísio Teixeira (Inep), mais de meio milhão de participantes zeraram a redação na edição 2014 do Enem. Os motivos que levaram os examinadores a dar nota zero na redação foram 217,3 mil participantes terem fugido ao tema, 13 mil terem copiado o texto motivador, 7,8 mil terem escrito menos de sete linhas, 3,3 mil terem redigido alguma parte desconectada do texto principal e 955 terem ofendido os direitos humanos.

Por corresponder a 20% da nota final da avaliação, a redação é uma prova decisiva para o desempenho final. Isso significa que zerar na redação praticamente fará com que o estudante deixe de figurar na lista dos que poderão garantir uma vaga em uma instituição de ensino superior pública.

De acordo com o Guia do Participante, a redação receberá nota zero se apresentar uma das características a seguir:

1. fuga total ao tema;
2. não obediência à estrutura dissertativo-argumentativa;
3. texto com até sete linhas;
4. impropérios, desenhos e outras formas propositais de anulação ou parte do texto deliberadamente desconectada do tema proposto;
5. desrespeito aos direitos humanos; e
6. folha de redação em branco, mesmo que haja texto escrito na folha de rascunho.

É importante ressaltar que o Guia do Participante estabelece atribuição de nota zero à redação que não obedecer à estrutura dissertativo-argumentativa, mesmo que atenda às exigências dos outros critérios de avaliação. O texto deve ser obrigatoriamente em prosa, ou seja, se o participante redigir um poema receberá nota zero, se escrever uma narração expondo fatos, conceitos e abordando o tema, também receberá nota zero.

Cabe destacar que os textos motivadores servem para inspirar. O *Redação no Enem 2013 – Guia do Participante* adverte: "Para efeito de avaliação e de contagem do mínimo de linhas, a cópia parcial dos textos motivadores ou de questões objetivas do caderno de prova acarretará a desconsideração do número de linhas copiadas, valendo somente as que foram produzidas pelo autor do texto". Obviamente, em uma redação que deve ser escrita em até 30 linhas, um trecho copiado pode fazer com que o avaliador tenha todo o direito de descontar o número de linhas preenchidas com a parte do texto motivador. Se o que sobrar não ultrapassar sete linhas o participante receberá nota zero.

Foi amplamente divulgado pela imprensa o fato de um participante ter escrito uma receita de macarrão instantâneo e outro o hino do Palmeiras na redação no Enem 2012. Depois de tantas "gracinhas", o Inep modificou critérios de avaliação e quem escrever impropérios atualmente terá a redação anulada.

O desrespeito aos direitos humanos receberá nota zero, pois é inadmissível que o estudante não tenha adquirido uma visão de mundo para compreender que a violação de um direito vai afetar o respeito por muitos outros direitos. Defender ou admitir que ainda haja trabalhadores em condições análogas à de escravo, por exemplo, é inaceitável, já que as sequelas deixadas pela escravidão no país causaram a exclusão de milhões de brasileiros da educação superior, da saúde, do desenvolvimento.

A degradante condição dos presidiários no Brasil também consiste em flagrante desrespeito aos direitos humanos. Apesar de muitas pessoas defenderem que os criminosos precisam sofrer mesmo, que devem ser mantidos em masmorras medievais, a própria Constituição Federal proíbe as penas cruéis. Além de a redação do Enem exigir uma proposta que tenha relação com os problemas reais da sociedade, a solução apresentada na conclusão não poderá desrespeitar os direitos fundamentais do ser humano.

Portanto, o Estado deve garantir ao preso o respeito à integridade física e moral. A dignidade do ser humano deve ser resguardada, mesmo com toda a sociedade clamando por justiça. Embora tenha o direito de punir, o Estado deve assegurar que o criminoso não sofrerá tratamento desumano.

Conforme já aconselhamos, o participante do Enem precisa estar consciente de que a prova tem um prazo final. Aliás, os trabalhos acadêmicos que terá de elaborar quando estiver cursando o ensino superior também terão prazos. Se o estudante decidir fazer pós-graduação também terá prazos para entregar os trabalhos e, em sua vida profissional, então, terá prazos para completar tarefas quase que diariamente.

Sendo assim, é preciso cronometrar a participação em simulados, marcar o tempo que leva para ler e compreender textos e ainda para produzir uma redação. No dia da prova ficará mais fácil ter a noção do tempo gasto em cada questão e para a redação, além de conseguir reservar o tempo necessário para passar a redação a limpo e marcar o cartão-resposta do Enem.

Se isso não for treinado pode ocorrer o problema de o estudante deixar a folha de redação em branco, mesmo tendo produzido o texto na folha de rascunho, o que não evitará a nota zero.

6.4. Tema, tese, argumento e proposta

Todos já fazem uma dissertação quando falam sobre suas ideias, opiniões, crenças e certezas. Quando expomos argumentos para defender nosso ponto de vista sobre determinado assunto estamos elaborando uma dissertação argumentativa. Mesmo que um estudante tenha apenas tentado convencer seus pais para que pudesse viajar nas férias com amigos, expondo argumentos para tranquilizá-los de que tudo correrá bem já teve de dissertar e argumentar em uma mesma conversa.

Vamos verificar o passo a passo para a produção escrita de uma dissertação-argumentativa.

6.4.1. Tema

Para a produção do texto em prosa, do tipo dissertativo-argumentativo, a primeira e essencial ação que o estudante deve fazer é compreender perfeitamente o tema. É essencial porque é a partir da leitura dos textos motivadores e da reflexão sobre o tema apresentado que poderá formular a tese e traçar a estratégia argumentativa que culminará na proposta de intervenção.

O assunto que vai ser tratado na redação já é dado pela organizadora. Logo, além de ter de compreender os textos motivadores o estudante precisa ainda interpretar o tema para não correr o risco de produzir um texto que não esteja em total conformidade com o que tenha sido solicitado.

O tema é uma espécie de título. Assim sendo, fica muito fácil perceber o que os examinadores querem ler. Partindo desse pressuposto, o participante pode elaborar mentalmente todo o texto, desde a tese até a conclusão, pelo simples fato de receber uma espécie de encomenda para produzir um texto.

6.4.1.1. Título

Não é obrigatória a inserção de um título na redação do Enem. Entretanto, ele é um chamariz, um letreiro que chama a atenção do avaliador, pois demonstra o domínio do assunto em um resumo que tem apenas uma frase. O examinador perceberá que o estudante compreendeu perfeitamente o que foi pedido para ser produzido.

Contudo, é preciso tomar cuidado para não elaborar um título vago ou ambíguo, o que demonstraria despreparo. Não é preciso pontuar o título, a não ser que seja uma pergunta. Nesse caso, o ponto de interrogação é obrigatório.

Apesar de ser um elemento opcional na produção da redação, o título será considerado como linha escrita. Portanto, é preciso cuidar para não extrapolar o número de linhas limitado pela organizadora do Enem.

Vejamos todos os temas de redação do Enem.

6.4.1.2. Temas históricos da redação do Enem

Tema da redação do Enem 1998: "Viver e aprender".

Tema da redação do Enem 1999: "Cidadania e participação social".

Tema da redação do Enem 2000: "Direitos da criança e do adolescente: como enfrentar esse desafio nacional".

Tema da redação do Enem 2001: "Desenvolvimento e preservação ambiental: como conciliar interesses em conflito?" .

Tema da redação do Enem 2002: "O direito de votar".

Tema da redação do Enem 2003: "Violência na sociedade brasileira".

Tema da redação do Enem 2004: "Como garantir a liberdade de informação e evitar abusos nos meios de comunicação?".

Tema da redação do Enem 2005: "O trabalho infantil na realidade brasileira".

Tema da redação do Enem 2006: "O poder de transformação da leitura".

Tema da redação do Enem 2007: "O desafio de conviver com a diferença".

Tema da redação do Enem 2008: "A máquina de chuva da Amazônia".

Tema da redação do Enem 2009: "Qual o efeito em nós do 'Eles são todos corruptos'?" e "Valorização do Idoso" (prova reaplicada).

Tema da redação do Enem 2010: "Ajuda humanitária" e "O trabalho na construção da dignidade humana" (prova reaplicada).

Tema da redação do Enem 2011: "Viver em rede no século XXI".

Tema da redação do Enem 2012: "O movimento imigratório para o Brasil no século XXI".

Tema da redação do Enem 2013: "Os efeitos da implantação da Lei Seca no Brasil".

Tema da redação do Enem 2014: "Publicidade infantil em questão no Brasil".

Em uma breve análise dos temas históricos da redação do Enem podemos perceber que o exame segue à risca o edital, que informa aos participantes que a solicitação para a produção do texto dissertativo-argumentativo terá tema de ordem social, científica, cultural ou política. Outro aspecto é que alguns temas são mais universais e ainda podem ser desenvolvidos com uma abordagem que sirva para o mundo inteiro, enquanto alguns somente para a realidade brasileira.

A cidadania, os direitos e os deveres também permeiam os temas com bastante frequência. A questão da criança e do adolescente já apareceu em 2000, 2005 e 2014. Assuntos amplamente debatidos na imprensa no mesmo ano da edição do exame foram tema de redação em 2002, ano em que o Brasil teve eleições presidenciais. Em 2012, com o tema sobre a imigração no Brasil, ano em que os haitianos estavam praticamente invadindo o país, principalmente pelo Acre, a prova de redação abordou fator que causou certa polêmica, em razão de aquele estado ter enviado muitos imigrantes para São Paulo. Em 2013, o tema da redação do Enem volta a discutir assunto veiculado na imprensa ao longo do ano, isto é, a implantação de nova legislação que tornou mais rígida a fiscalização e a aplicação de sanções para casos de motoristas serem apanhados embriagados ao volante.

Assuntos até hoje debatidos pela sociedade brasileira foram tema de redação no Enem nos anos 2001, 2003, 2004, 2008 e 2009, aspecto que chama a atenção para o fato de que ou podem ser solicitados de outra maneira ou voltar a aparecer de forma multidisciplinar, ou seja, ser inseridos no contexto.

Em 2001, os examinadores solicitaram que o participante produzisse um texto abordando a preservação ambiental e o desenvolvimento. Aqueles estudantes que gostavam de Geografia e também de História foram praticamente brindados com o tema. E hoje em dia o problema da sustentabilidade continua. A crise hídrica pela qual vários estados brasileiros passam na atualidade poderia ter sido discutida naquela época, já que o estudante poderia ter desenvolvido um texto sobre os cuidados que precisam ser levados em conta nos avanços e no crescimento do país, com obras de infraestrutura, habitação, entre outras áreas, mas sem deixar de preservar o meio ambiente e, em especial, os recursos hídricos.

Em 2008, o tema da redação era sobre a Amazônia. O assunto da falta de água voltava a ser debatido. Com denúncias de diversas organizações publicadas na imprensa acerca de um desmatamento que já atingia o tamanho de pouquíssimo menos que as superfícies terrestres da França, da Holanda e da Bélgica somadas, os examinadores quiseram levar os participantes do Enem a refletir sobre os avanços da agroindústria e a preservação do meio ambiente.

O tema da redação da edição 2003 do Enem discutia a violência no Brasil, assunto ainda hoje sem solução. No Rio de Janeiro e em São Paulo as facções dominam morros e favelas. O Estado demonstra incapacidade para gerenciar a crise, tanto que no início de 2015 o secretário de Segurança do Rio declarou na imprensa que a sociedade se transformou em uma "nação de criminosos".

Já a redação do Enem 2004 trazia a discussão sobre o Marco Civil da Internet, ao solicitar a produção de um texto que abordasse a garantia da liberdade de informação. Além disso, o estudante ainda deveria emitir opinião acerca da regulação dos meios de comunicação. Os dois assuntos em uma única redação ainda estão em pleno debate atualmente. Desde as eleições presidenciais de 2014, quando os dois principais candidatos inseriram os temas em suas promessas de campanha, o assunto é discutido por partidos políticos e muitas outras organizações.

Na redação do Enem 2009 o assunto mais discutido ultimamente, em razão do escândalo da Petrobrás, exigiu um posicionamento bastante crítico dos participantes, conforme expusemos no **Capítulo 5** – "Compreensão e interpretação de textos".

6.4.1.3. Fuga ao tema

Voltamos a abordar o assunto da fuga ao tema, pois é de extrema importância. Já discorremos sobre isso ao esclarecer a Competência 2, mas ainda vamos exemplificar. Se o tema da redação do Enem 2003, "Violência na sociedade brasileira", fosse solicitado agora, mencionar o ataque terrorista ao jornal satírico Charlie Hebdo, assunto mais em voga na imprensa e nas redes sociais no mês de janeiro de 2015, seria considerado fuga parcial ao tema, uma vez que os examinadores solicitaram que o estudante dissertasse e argumentasse sobre a violência no Brasil.

Em virtude dessa análise dos temas históricos da prova de redação do Enem podemos afirmar que o estudante precisa participar muito mais das aulas de Sociologia, de Geografia, de História, de Filosofia, de Gramática e também de Biologia e outras. A multidisciplinaridade está presente nas questões objetivas, na redação, nos textos motivadores, enfim, em quase tudo o que fizermos hoje em dia. Segundo Piaget, a multidisciplinaridade ocorre quando "a solução de um problema torna necessário obter informação de duas ou mais ciências ou setores do conhecimento sem que as disciplinas envolvidas no processo sejam elas mesmas modificadas ou enriquecidas". A multidisciplinaridade foi considerada importante para acabar com um ensino extremamente especializado, concentrado em uma única disciplina (MENEZES; SANTOS, 2002).

6.4.2. Tese

A opinião que será defendida pode ser favorável ou contrária ao tema. No entanto, é preciso considerar que as teses absurdas, preconceituosas ou ridículas devem ser evitadas, já que será atribuída nota zero a quem redigir impropérios, ou seja, opiniões impróprias, inadequadas.

Mas, afinal o que é uma tese? O termo "tese" provém do latim *thesis* que deriva de um vocábulo grego. Trata-se de uma proposição teórica, uma posição acerca de determinado assunto, uma opinião em defesa de certo ponto de vista.

Todos têm uma opinião formada acerca de determinado assunto, de uma maneira ou de outra. Podemos tomar o exemplo do estilo musical da preferência de cada um. Ao defender preferir o rock ao samba uma pessoa estará emitindo opinião sobre a música. Os argumentos que apresentará, citando artistas, bandas, ou até mesmo cantando uma música, será a defesa da tese, a fim de provar que um gênero musical é melhor do que outro.

Um estudante pode simplesmente ter a opinião que prefere viajar para uma fazenda ou casa de campo nas férias, enquanto outro tem a opinião de preferir a praia. Uma aluna disse adorar as passarelas e, em razão disso, escolheu tentar a carreira de produtora de moda, tentando ingressar no bacharelado em Design de Moda. Já outra estudante sente grande afinidade com animais e, portanto, pretende cursar Zootecnia, já que defende a opinião de que sentirá enorme satisfação em trabalhar na produção e criação de animais domésticos e silvestres.

O exercício de opinar leva muitos cidadãos a formarem um pensamento crítico. Ninguém gosta daqueles que simplesmente não conseguem formar juízo de valor sobre um assunto. Um indivíduo sem opinião própria seria rapidamente tachado de pessoa sem personalidade, desinteressante, sem conteúdo e provavelmente seria excluído do convívio de muita gente.

Foi William Shakespeare quem disse: "Aceita o conselho dos outros, mas nunca desistas da tua própria opinião". O gênero opinativo, podemos dizer, é o dissertativo-argumentativo. Assim ocorre com os editoriais de jornais, que emitem uma opinião sobre determinado assunto em discussão na sociedade, ou ainda os comentaristas de redes de TV, entre outros veículos de comunicação, todos apresentam argumentos diversos para defender o seu ponto de vista.

A dialética, método de diálogo cujo foco é a contraposição e contradição de ideias que levam a outras ideias, tema da Filosofia ocidental e oriental desde os tempos antigos, pode ajudar bastante a quem quer exercitar a chamada "tempestade de ideias" antes de formular a tese e partir para a criação de estratégias argumentativas.

De acordo com Carlos Cirne Lima, o método, o qual muitos atribuem a Aristóteles, foi posteriormente desenvolvido por Platão até que Hegel o difundiu para o modo mais conhecido, que é primeiro ter a tese, que é a ideia geradora da antítese, que se contrapõe à tese, até surgir a síntese, ou seja, a superação das anteriores. Para o mencionado autor:

> Em Sócrates, a dialética põe expressa e claramente tese e antítese como posições falsas. A síntese, entretanto, não é dita e expressa. Ao mostrar a falsidade de tese e antítese, Sócrates praticamente obriga o ouvinte a formular a síntese, pois não há outra saída, a não ser a síntese, que não é fornecida pelo emissor da mensagem, mas é o ouvinte quem deve descobrir e formular o conceito ou o princípio que, superando a falsidade de tese e antítese, confere-LHES unidade e verdade. Essa é a pedagogia socrática (CIRNE LIMA, 2005).

Tese e antítese são, em dialética, sempre falsas. O estudante deveria procurar uma síntese que concilie e unifique em nível mais alto os dois polos opostos. Dessa maneira, ele poderá refletir e conseguir organizar sua ideias e, assim, construir a sua argumentação.

6.4.3. Argumento

Algo que o estudante jamais deverá fazer é apresentar uma opinião dúbia. O escritor português Antônio Feliciano de Castilho (1800-1875), nascido em Lisboa, considerado um legítimo representante do romantismo, disse uma célebre frase: "Há, porém, comentadores que opinam nos dois sentidos". O autor de *Questão Coimbrã* (também conhecida como *Questão do Bom Senso e Bom Gosto*), crítica que causou bastante polêmica em sua época, ao contrapor opiniões sobre a produção literária seguir as tendências europeias ou assimilar ideias novas e ter uma produção autêntica portuguesa. A questão abrangeu ainda outras áreas, como a Política e a Filosofia.

Os avaliadores não atribuirão uma boa nota se a redação não defender um firme posicionamento de um lado ou de outro, a respeito do tema proposto. Os argumentos não podem ser incoerentes ou que se contrariem. Ou você defende um ponto de vista a favor ou contra, nunca "em cima do muro". É importante ressaltar, conforme já expusemos, que o participante poderá optar por uma posição contrária ao tema, assim como poderá defender uma proposta a favor do tema na redação do Enem. O que não pode ser feito é deixar os avaliadores sem saber qual o posicionamento, já que é obrigatória a apresentação de uma proposta de intervenção ao problema discutido.

6.4.3.1. Estratégias argumentativas

Após ter escolhido qual a tese defenderá, o participante precisará organizar as ideias de forma lógica. Dessa maneira, os argumentos ficarão encadeados e terão a devida coesão, além de haver a preocupação com a coerência. Sim, porque um argumento não poderá contradizer ao outro, em vista da posição assumida pelo autor da proposta. Mas, afinal, o que é um argumento?

Por argumento entende-se o conjunto de afirmações encadeadas de tal forma que a conclusão seja fundamentada por elas. Tais afirmações também são chamadas de premissas. Um argumento só pode ter uma conclusão, mas pode ter uma ou mais premissas. Um argumento é diferente de um raciocínio, uma vez que ao argumentar o autor do texto tem o objetivo de persuadir o leitor de que a conclusão é verdadeira, enquanto o raciocínio serve apenas para provar se uma determinada conclusão é coerente com o que tenha sido afirmado.

As proposições só podem ser verdadeiras ou falsas. Já os argumentos podem ser verdadeiros ou falsos, pois eles dizem ser válidos ou inválidos. Em vista dessa conceituação, o participante poderá utilizar uma ciência que estuda apenas a validade ou invalidade dos argumentos. Tal ciência é a lógica, que pode ser definida como o estudo dos princípios que regem a inferência (ou argumento) válida (MARGUTTI, 2001).

A partir do conhecimento da lógica, o estudante poderá apresentar conclusões mais bem aceitas, uma vez que a argumentação será mais linear. Por exemplo, afirmar que João e Maria são cidadãos brasileiros, uma vez que são eleitores. Eles são eleitores e cidadãos brasileiros, porque no Brasil só é considerado cidadão quem tem título de eleitor. Então, este argumento é válido, pois é impossível que a premissa seja verdadeira e a conclusão falsa.

Cabe destacar que a simples representação de ações fará com que o texto seja do tipo narrativo. Já a simples representação de objetos, seres e espaços fará com que o texto seja do tipo descritivo. Porém, ao analisar fatos, ideias e conceitos o texto será dissertativo-argumentativo.

Portanto, em primeiro lugar o participante do Enem precisa ter bem claro o que quer dizer e delimitar bem o assunto. Em segundo lugar, deve formular ideias – também claras – sobre o assunto delimitado. Depois, estruturar essas ideias com frases bem formuladas, tentando provar cada uma – argumento – por meio da evidência de explicações fundamentadas.

Tudo tem a ver com a coerência, que é o resultado do modo como os conceitos e relações internas do texto se manifestam, envolvendo o conhecimento de mundo de quem escreve. Um estudante poderá utilizar diferentes estratégias argumentativas, a fim de provar a sua posição sobre determinado assunto.

É essencial que os argumentos tenham a chamada competência linguística, já que em muitas situações de comunicação deve-se usar a variante culta da língua, isto é, quer o discurso seja político, religioso ou pedagógico a confiabilidade ao que se diz estará condicionada ao vocabulário adequado. Por exemplo, se um advogado não utiliza termos jurídicos para fazer uma exposição o interlocutor pode desconfiar da sua eficiência profissional.

O estudante precisa tomar cuidado com argumentos por sofismas e falácias. Segundo Othon M. Garcia (2011) há diferença entre o sofisma e a falácia. Embora ambos sejam basicamente raciocínios errados, a falácia é involuntária. Ao passo que o sofisma tem como objetivo induzir a audiência ao engano, o raciocínio falacioso decorre de uma falha de quem argumenta. Quem usa sofismas, sabe o que está fazendo quando, por exemplo, tenta chegar a uma conclusão para a qual não dispõe de dados ou demonstrações suficientes. Quem se vale de falácias simplesmente se enganou ou faz o uso do senso comum para isso e não estava atualizado com fatos e acontecimentos da atualidade.

Vejamos alguns tipos de argumentos que podem ser usados na tentativa de defender um ponto de vista.

Argumentos de autoridade: citar autores renomados dá credibilidade sobre um ponto de vista. Por exemplo, pode-se citar Nelson Mandela ao defender uma posição em prol dos direitos humanos, já que ele é considerado um dos mais emblemáticos defensores dos direitos humanos do século XX. Ou ainda é possível usar declarações de autoridades para convencer o interlocutor da validade do argumento.

Veja os exemplos:

Argumento 1

A discriminação racial tem causado sérios problemas à população negra no Brasil. A herança que homens e mulheres afrodescendentes receberam do período da escravidão os levou a não ascenderem socialmente, em vista da baixa escolaridade ocasionada pela falta de oportunidades para cursar uma universidade.

Segundo o diretor do Centro de Informação da Organização das Nações Unidas (ONU), Giancarlo Summa, o sistema de cotas em universidades e os programas sociais melhoraram a vida da população negra no Brasil.

Argumento 2

Em sua luta contra o regime da supremacia branca, Nelson Mandela foi condenado à prisão perpétua no famigerado Julgamento de Rivonia, ocasião em que declarou: "Eu defendi o ideal de uma sociedade democrática e livre, na qual todas as pessoas vivem juntas em harmonia e com oportunidades iguais.". O sonho desse defensor dos direitos humanos pode ser considerado concretizado na atual política de cotas para afrodescendentes nas universidades brasileiras.

Argumentos baseados no consenso: citar proposições aceitas como verdadeiras, em uma determinada época. Por exemplo, afirmar que o desenvolvimento deve ser sustentável, pois o meio ambiente devastado pode causar uma crise hídrica. Nesse caso, mesmo sem citar dados estatísticos todos reconhecem a veracidade da afirmação, já que o país vive a tal crise atualmente e a imprensa divulga o fato com frequência.

Argumentos baseados em exemplos: ao criticar a homofobia, o estudante pode dizer que o ódio contra lésbicas, gays, bissexuais, travestis e transexuais tem sido responsável por milhares de casos de violência e até mesmo de assassinatos. Logo, é inaceitável discriminar uma pessoa por sua orientação sexual. Se não houver dados nos textos de apoio, os exemplos podem ser aqueles de situações que ficaram conhecidas por toda a sociedade, em razão da ampla cobertura midiática.

Argumentos baseados em provas concretas: apoiar as posições pessoais em fatos. Comprová-las por dados pertinentes e adequados. Nesse caso, o estudante precisa de estatísticas reveladas por pesquisas de órgãos confiáveis. Citar o Censo do IBGE, por exemplo, é argumento aceito como prova concreta. Veja um exemplo, extraído de notícia de jornal:

> Pesquisa Focus do Banco Central (BC) divulgada nesta segunda-feira mostrou que a estimativa para a expansão do Produto Interno Bruto (PIB) em 2015 caiu a apenas 0,03%, contra 0,13% no levantamento anterior, quinta vez seguida de deterioração da projeção.
>
> Para 2016, a projeção também foi reduzida, a 1,50%, 0,04% a menos do que no levantamento anterior. Em relação a 2014, os economistas consultados mantiveram a perspectiva de expansão de 0,10%.
>
> Já a estimativa para a alta do IPCA em 2015 chegou a 7,01% contra 6,99% na pesquisa anterior, depois que o Banco Central avaliou que os avanços no combate à inflação ainda não foram suficientes.

Economistas passam a ver estagnação neste ano e inflação de 7,01%. **Jornal da Cidade**. Disponível em: <http://www.jcnet.com.br/Nacional/2015/02/economistas-passam-a-ver-estagnacao-neste-ano-e-inflacao-de-701.html>. Acesso em: 2 fev. 2015. (adaptado)

Argumentos com base nas relações de causa e consequência: explicação ou justificativa, a fim de levar à conclusão ou comprovar uma tese. O estudante busca as relações de causa, isto é, os motivos; bem como as de consequência, ou seja, os efeitos. Veja expressões indicadoras de causa e consequência:

- **causa**: por causa de, em função de, em virtude de, em vista de, devido a etc.
- **consequência**: consequentemente, em decorrência de, como resultado, pelo efeito de.

Em vista do exposto, ressaltamos a importância de o estudante estar atualizado com as notícias da Economia, da Política, da Ciência, da Tecnologia, do cotidiano, entre outras áreas, de maneira que possa construir argumentos com maior facilidade, além de reunir repertório de termos, pensamentos e outros elementos que fundamentem melhor o posicionamento que tomará em defesa de determinado ponto de vista sobre o tema de redação proposto no Enem.

6.4.4. Proposta

O participante do Enem será advertido no momento da prova de redação, por meio das regras escritas, de que deverá oferecer "uma proposta de intervenção social para o problema apresentado no desenvolvimento do texto que respeite os direitos humanos".

Portanto, a conclusão deve ser objetiva e conter apenas um parágrafo, sendo obrigatória a retomada da ideia principal desenvolvida no texto, redigida da forma mais convincente possível. Deve conter a síntese de toda a argumentação apresentada no texto. Não se deve acrescentar informações novas no fechamento, já que a inclusão de novos fatos ou conceitos demonstrará que a redação ainda não terminou.

Um aspecto fundamental da conclusão é esclarecer de uma vez por todas o ponto de vista, ratificando a opinião. O primeiro parágrafo abordou a tese, a introdução. Então, basta pegar o que foi defendido e colocar de novo na conclusão, utilizando outras palavras. O estudante poderá valer-se de frases feitas para iniciar o parágrafo conclusivo. Vejamos algumas delas:

Em virtude dos fatos mencionados...

Por isso tudo...

Levando-se em consideração esses aspectos...

Resumidamente, pode-se dizer que...

Em vista dos argumentos apresentados...

Dado o exposto...

Levando-se em conta o que foi observado...

Portanto... / logo... / então...

Para apresentar soluções para a problemática tratada no texto de como e quem pode solucionar ou amenizar o problema em questão, pode-se continuar a conclusão com as seguintes frases:

...entende-se que...

...conclui-se que...

...percebe-se que...

...é imprescindível que todos se conscientizem de que...

...é preciso que...

...faz-se necessário que...

6.5. Resumo para a redação do Enem

Apresentamos uma forma bastante prática para o estudante fixar o conhecimento de como poderá estruturar a sua redação com base em algumas perguntas que poderá fazer a si mesmo.

1. Qual é o problema?
2. Por que é um problema?
3. Quais as causas desse problema?
4. Qual a solução para esse problema?
5. Por que determinada solução deveria ser colocada em prática?
6. Como a solução resolveria o problema?

A partir das respostas concluídas pelo participante, a produção do texto dissertativo-argumentativo poderá ser realizada. O método de tese, antítese e síntese ajudarão bastante na organização das ideias necessárias para a redação.

6.6. Análise da prova de redação 2014

Depois de termos verificado vasto conhecimento sobre a redação do Enem, vamos aliar a teoria à prática e resolver a prova da edição 2014 do exame. Para muitos professores os textos de apoio fizeram diversos convites aos candidatos, uma vez que ofereceram ideias e caminhos por onde a redação poderia seguir. Obviamente, o participante precisa ter seu próprio repertório, que pode ser adquirido por meio de leitura de jornais, revistas, livros e outras publicações, além de acompanhamento de noticiários televisivos, mas os textos motivadores dão dicas muito importantes. O estudante deve se basear no que é apresentado, mas precisa elaborar uma argumentação original.

Tendo em vista a necessidade do respeito aos direitos humanos que a proposta de intervenção deve trazer em sua formulação, o participante não deveria apontar a censura como forma de coibir que mensagens publicitárias dirigidas a crianças fossem implantada no Brasil.

Redação – Enem 2014 – Publicidade infantil em questão no Brasil

A partir da leitura dos textos motivadores seguintes e com base nos conhecimentos construídos ao longo de sua formação, redija texto dissertativo-argumentativo em norma padrão da Língua Portuguesa sobre o tema **Publicidade infantil em questão no Brasil**, apresentando proposta de intervenção, que respeite os direitos humanos. Selecione, organize e relacione, de forma coerente e coesa, argumentos e fatos para defesa de seu ponto de vista.

TEXTO I

A aprovação, em abril de 2014, de uma resolução que considera abusiva a publicidade infantil, emitida pelo Conselho Nacional de Direitos da Criança e do Adolescente (Conanda), deu início a um verdadeiro cabo de guerra envolvendo ONGs de defesa dos direitos das crianças e setores interessados na continuidade das propagandas dirigidas a esse público.

Elogiada por pais, ativistas e entidades, a resolução estabelece como abusiva toda propaganda dirigida à criança que tem "a intenção de persuadi-la para o consumo de qualquer produto ou serviço" e que utilize aspectos como desenhos animados, bonecos, linguagem infantil, trilhas sonoras com temas infantis, oferta de prêmios, brindes ou artigos colecionáveis que tenham apelo às crianças.

Ainda há dúvidas, porém, sobre como será a aplicação prática da resolução. E associações de anunciantes, emissoras, revistas e de empresas de licenciamento e fabricantes de produtos infantis criticam a medida e dizem não reconhecer a legitimidade constitucional do Conanda para legislar sobre publicidade e para impor a resolução tanto às famílias quanto ao mercado publicitário. Além disso, defendem que a autorregulamentação pelo Conselho Nacional de Autorregulamentação Publicitária (Conar) já seria uma forma de controlar e evitar abusos.

IDOETA, P. A.; BARBA, M. D. **A publicidade infantil deve ser proibida?** Disponível em: <www.bbc.co.uk>. Acesso em: 23 maio 2014 (adaptado).

TEXTO II

A PUBLICIDADE PARA CRIANÇAS NO MUNDO

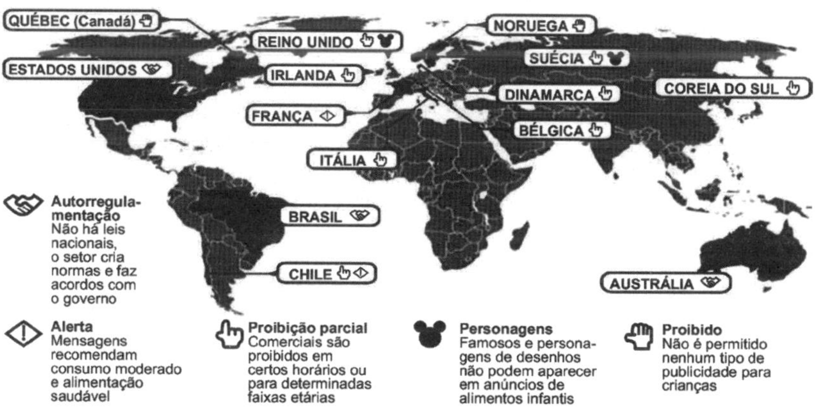

Fontes: OMS e Conar/2013.

Disponível em: <www1.folha.uol.com.br>. Acesso em: 24 jun. 2014 (adaptado).

TEXTO III

Precisamos preparar a criança, desde pequena, para receber as informações do mundo exterior, para compreender o que está por trás da divulgação de produtos. Só assim ela se tornará o consumidor do futuro, aquele capaz de saber o que, como e por que comprar, ciente de suas reais necessidades e consciente de suas responsabilidades consigo mesma e com o mundo.

SILVA, A. M. D.; VASCONCELOS, L. R. **A criança e o marketing**: informações essenciais para proteger as crianças dos apelos do marketing infantil. São Paulo: Summus, 2012 (adaptado).

INSTRUÇÕES:

O rascunho da redação deve ser feito no espaço apropriado.

O texto definitivo deve ser escrito à tinta, na folha própria, em até 30 linhas.

A redação que apresentar cópia dos textos da Proposta de Redação ou do Caderno de Questões terá o número de linhas copiadas desconsiderado para efeito de correção.

Receberá nota zero, em qualquer das situações expressas a seguir, a redação que:

- tiver até 7 (sete) linhas escritas, sendo considerada "insuficiente";
- fugir ao tema ou que não atender ao tipo dissertativo-argumentativo.
- apresentar proposta de intervenção que desrespeite os direitos humanos.
- apresentar parte do texto deliberadamente desconectada com o tema proposto.

6.7. Análise de redação nota 1.000

Passaremos a verificar uma redação considerada nota 1.000 pelos avaliadores do Enem 2014. O texto foi produzido pela estudante Larissa Freisleben,[10] de apenas 18 anos de idade, que mora na cidade de Farroupilha, no estado do Rio Grande do Sul.

Vale recordar que somente 250 participantes em todo o país conseguiram atingir a nota máxima na prova de redação do Enem de 2014. Larissa elaborou a sua redação citando a porquinha do desenho animado britânico "Peppa Pig", que virou febre no Brasil em 2014.

Publicidade Infantil: perigoso artifício

Uma criança imitando os sons emitidos por porcos já foi atitude considerada como falta de educação. No entanto, após a popularização do programa infantil "Peppa Pig", essa passou a ser uma cena comum no Brasil. O desenho animado sobre uma família de porcos falantes não apenas mudou o comportamento dos pequenos como também aumentou o lucro de uma série de marcas que se utilizaram do encantamento infantil para impulsionar a venda de produtos relacionados ao tema. Peppa é apenas mais um exemplo do poder que a publicidade exerce sobre as crianças.

---

10. Disponível em: <http://www1.folha.uol.com.br/educacao/2015/01/1575893-texto-nota-mil-no-enem-cita-peppa-pig-para-falar-sobre-publicidade.shtml>. Acesso em: 2 fev. 2015.

Os nazistas já conheciam os efeitos de uma boa publicidade: são inúmeros os casos de pais delatados pelos próprios filhos – o que mostra a facilidade com que as crianças são influenciadas. Essa vulnerabilidade é maior até os sete anos de idade, quando a personalidade ainda não está formada. Muitas redes de lanchonetes, por exemplo, valem-se disso para persuadir seus jovens clientes: seus produtos vêm acompanhados por brindes e brinquedos. Assim, muitas vezes a criança acaba se alimentando de maneira inadequada na ânsia de ganhar um brinquedo.

A publicidade interfere no julgamento das crianças. No entanto, censurar todas as propagandas não é a solução. É preciso, sim, que haja uma regulamentação para evitar a apelação abusiva – tarefa destinada aos órgãos responsáveis. No caso da alimentação, a questão é especialmente grave, uma vez que pesquisas mostram que os hábitos alimentares mantidos até os dez anos de idade são cruciais para definir o estilo de vida que o indivíduo terá quando adulto. Uma boa solução, nesse caso, seria criar propagandas enaltecendo o consumo de frutas, verduras e legumes. Os próprios programas infantis poderiam contribuir nesse sentido, apresentando personagens com hábitos saudáveis. Assim, os pequenos iriam tentar imitar os bons comportamentos.

Contudo, nenhum controle publicitário ou bom exemplo sob a forma de um desenho animado é suficiente sem a participação ativa da família. É essencial ensinar as crianças a diferenciar bons produtos de meros golpes publicitários. Portanto, em se tratando de propaganda infantil, assim como em tantos outros casos, a educação vinda de casa é a melhor solução.

Comentários

Cabe notar que o parágrafo introdutório já apresentou a tese. Com uma construção coesa a estudante transmitiu uma mensagem contrária à publicidade infantil abusiva. A redação de um bom texto depende da articulação de ideias e palavras. Coesão é a conexão, a ligação entre os elementos de um texto. No caso em tela, a autora defendeu uma tese, ao mesmo tempo em que determinou uma estrutura clara e coerente entre as frases que compuseram o primeiro parágrafo. Ao citar os nazistas, no segundo parágrafo, além de mencionar que crianças vulneráveis são expostas aos artifícios de redes de lanchonetes, a autora usa a argumentação pelo bom senso, já que nem precisa provar com estatísticas, tampouco teve necessidade de apontar marcas e empresas.

A estudante já dá início ao parágrafo conclusivo em sua argumentação no terceiro parágrafo, ao defender a liberdade de expressão. Ela discute as possíveis soluções para a problemática apresentada, oferecendo alternativas viáveis, em seu ponto de vista.

Larissa fecha a argumentação com uma proposta bastante positiva, ao combater a abusividade na propaganda e propor que os familiares se engajem na luta contra o problema, em defesa da boa educação.

Outro aspecto que merece atenção na redação de Larissa é a boa pontuação e a construção de orações coesas, o que leva o leitor a não perder o ritmo de leitura e ainda a aumentar o interesse pela solução que será apresentada. É realmente um texto dissertativo-argumentativo nota máxima.

6.8. Ética na discussão sobre direitos humanos

Um aspecto que merece bastante consideração na hora de produzir o texto dissertativo-argumentativo na prova de redação do Enem é o respeito aos direitos humanos. Considerar os direitos humanos como um desdobramento da ética significa defender valores como o direito à vida, a paz, a dignidade humana, a justiça social, a democracia, o que pressupõe uma discussão em torno de questões como a tolerância, o diálogo, a cidadania, o respeito a diversidade, entre outros.

Os valores da igualdade, do respeito ao seu semelhante, tornam-se o requisito mínimo para a convivência em sociedade, tão bem como para esta sobreviver. Para compreender melhor os direitos humanos os indivíduos precisam assumir seus direitos levando em conta que esses direitos estão ligados, também, a obrigações, deveres.

Isso significa que a famigerada balança da justiça deve ser equilibrada em julgamentos que o estudante fizer acerca de determinado assunto, em especial quando se tratar de temas mais polêmicos.

Por exemplo, nas últimas eleições para presidente do Brasil uma polêmica tomou conta da sociedade. Difundido nas redes sociais, o ódio aos nordestinos foi inflamado em função da maioria ter escolhido reeleger a presidente da República. Foram acusados de preferir a reeleição porque receberem o benefício do programa de transferência direta de renda Bolsa Família.

A terceira presidente da República a ser reeleita no Brasil, Dilma Rousseff conquistou 51,64% dos votos válidos, contra 48,36% do adversário. Esse resultado dividiu o país. O discurso de ódio de uma parcela da sociedade foi disseminado de tal forma que muitos já defendiam o separatismo. Mesmo observando a guerra civil em que a Ucrânia se meteu após ter proclamado sua independência da Rússia soviética, os separatistas liderados pelos paulistas não deixaram de organizar passeatas em prol da divisão do Brasil.

Obviamente, os beneficiários do Bolsa Família têm rendimentos insuficientes para se manterem. Porém, segundo estatísticas fornecidas pelo Ministério do Desenvolvimento Social (MDS) 1,5 milhões de beneficiários matricularam-se em cursos de qualificação profissional do Programa Nacional de Acesso ao Ensino Técnico e Emprego (Pronatec), em busca de uma profissão e de uma vida melhor. Isso significa que aqueles que recebem o benefício não são simplesmente "vagabundos", como queriam crer os que defendiam o separatismo.

Baseados em boatos sobre o valor dos rendimentos transferidos pelo governo brasileiro aos beneficiários do Bolsa Família, de que "tem gente recebendo mais de R$ 3 mil mensais", as postagens no Facebook e no Twitter ampliaram o preconceito contra nordestinos, alvo da intolerância. Entretanto, segundo o MDS, das 14 milhões de famílias atendidas, cada uma recebe, em média, R$ 170,10. Apenas em casos raros – menos de 1% do total – esse valor passa de 500 reais.

Se o tema de redação do Enem fosse sobre a polêmica mencionada, o participante poderia optar por defender uma posição favorável ao programa de transferência de renda, como também ser contra. No caso de ter um ponto de vista contrário ao Bolsa Família, o estudante deveria argumentar com ideias, fatos e observações que justificassem sua posição. Contudo, sem desrespeitar os direitos humanos.

A clara demonstração de preconceito pode levar o estudante a receber nota zero na redação do Enem, que sempre apresenta temas de abrangência nacional, relevantes e de interesse público, e requer que os participantes respeitem valores ligados aos direitos humanos. O extremismo precisa ser evitado para não haver risco de ferir preceitos universalmente consagrados. Ter equilíbrio é fundamental em qualquer tipo de discussão.

6.9. Dicas para a elaboração da redação

Depois de tantos ensinamentos e análises, com base em Serafini (1997) e Granatic (1997) completamos este capítulo com dicas essenciais para serem utilizadas na hora da prova verdadeira, momento em que o estudante terá de produzir a sua redação.

1. Antes de persuadir o leitor é necessário despertar o interesse dele e ganhar a sua simpatia.

2. É essencial evidenciar os aspectos importantes da tese a ser defendia logo de início. A originalidade da opinião é fundamental, portanto deve-se evitar premissas óbvias e já conhecidas, as chamadas lugar-comum.

3. Poucos argumentos de boa qualidade causam mais efeito que muitos argumentos, alguns dos quais incertos.

4. Jamais usar gírias na dissertação é uma regra fundamental.

5. Provérbios ou ditos populares empobrecem a redação, já que fazem parecer que o autor não tem criatividade.

6. Fatos sem comprovação não devem ser inseridos na redação em hipótese alguma.

7. É preciso tomar cuidado para não utilizar a redação para propagar doutrinas religiosas.

8. Jamais analise os temas propostos movido por emoções exageradas. Ser panfletário faz com que os avaliadores percam o interesse pela redação.

9. É preciso tomar cuidado para não desrespeitar valores universais de direitos humanos.

10. Nunca repetir várias vezes a mesma palavra é um mandamento. Amplie o repertório usando sinônimos.

11. Tente não analisar os assuntos propostos sob apenas um dos ângulos da questão.

12. Ressaltamos a importância da coesão, de modo a não fugir ao tema proposto.

13. Julgamentos apressados tendem a desviar o estudante da problemática abordada.

14. Frases feitas e clichês não são vistas com bons olhos pelos avaliadores.

Referências

ALMEIDA, Napoleão Mendes de. *Gramática metódica da Língua Portuguesa*. 46. ed. São Paulo: Saraiva, 2009.

ANTUNES, Irandé. *Lutar com palavras*: coesão e coerência. São Paulo: Parábola, 2007.

AQUINO, Zilda Gaspar Oliveira de; PRETI, Dino (Orgs.). *Oralidade em textos escritos*. Projetos Paralelos – NURC/SP. v. 10. São Paulo: Humanitas, 2009.

ARISTÓTELES. *Retórica*. Trad. Edson Bini. São Paulo: Edipro, 2011.

_______. *Dos argumentos sofísticos*. Sel. tex. José Américo Motta Pessanha. Trad. Leonel Vallandro e Gerd Bornheim. São Paulo: Nova Cultural, 1987.

AZEREDO, José Carlos (Coord.). *Instituto Antônio Houaiss*: Escrevendo pela nova ortografia. 3. ed. São Paulo: Publifolha, 2009.

BAKHTIN, Mikhail. Os gêneros do discurso. In: _______. *Estética da criação verbal*. 2. ed. São Paulo: Martins Fontes,1997 .

BECHARA, Evanildo. *A nova ortografia*. Rio de Janeiro: Nova Fronteira, 2008.

_______. *Moderna gramática portuguesa*: atualizada pelo novo acordo ortográfico. 37. ed. Rio de Janeiro: Nova Fronteira, 2009.

BERLO, David. *O processo da comunicação*. São Paulo: Martins Fontes, 1997. p. 18.

BRASIL. Congresso. Câmara dos Deputados. *Manual de redação*. Brasília: Câmara dos Deputados, 2004. Disponível em: <http://bd.camara.gov.br/bd/bitstream/handle/bdcamara/5684/manual_redacao.pdf>. Acesso em: 23 jan. 2015.

_______. Presidência da República. *Manual de redação da Presidência da República*. 2. ed. Brasília, 2002. Disponível em: <http://www.planalto.gov.br/ccivil_03/manual/ManualRedPR2aEd.PDF>. Acesso em: 23 jan. 2015.

_______. Senado Federal. *Manual de padronização de textos*. Brasília: Senado Federal, 1999. Disponível em: <http://www12.senado.gov.br/senado/institucional/conleg/manuais/manual-de-elaboracao-de-textos>. Acesso em: 23 jan. 2015.

CÂMARA JR., Joaquim Mattoso. *Dicionário de Linguística e Gramática*. 8. ed. Petrópolis, RJ: Vozes, 1978.

______. *Estrutura da Língua Portuguesa*. 42. ed. Petrópolis, RJ: Vozes, 2009.

______. *Manual de expressão oral e escrita*. 4. ed. Petrópolis, RJ: Vozes, 1977.

CARNEIRO, Agostinho Dias. *Redação em construção*. São Paulo: Moderna, 2001.

CASTILHO, Ataliba T. *A língua falada no ensino de português*. São Paulo: Contexto, 1998.

CEGALLA, Domingos Paschoal. *Novíssima gramática da Língua Portuguesa*: novo acordo ortográfico. 48. ed. rev. São Paulo: Companhia Editora Nacional, 2009.

CHAROLLES, Michel. *Introdução aos problemas de coerência de textos*. Campinas, SP: Pontes, 1997.

CHAUI, Marilena. *Convite à Filosofia*. São Paulo: Ática, 1994.

CIRNE LIMA, Carlos. *Dialética para principiantes* (em português). 3. ed. Porto Alegre: Unisinos, 2005.

COPI, Irving M. *Introdução à lógica*. Trad. Álvaro Cabral. 2. ed. São Paulo: Mestre Jou, 1978.

COSTA VAL, M. G. *Redação e textualidade*. São Paulo: Martins Fontes, 1994.

CUNHA, Celso; CINTRA, Lindley. *Nova gramática do português contemporâneo*. 3. ed. 14. imp. Rio de Janeiro: Nova Fronteira, 2001.

DIONÍSIO, Ângela P.; MACHADO, Anna R.; BEZERRA, Maria Auxiliadora (Orgs.). *Gêneros textuais e ensino*. Rio de Janeiro: Lucerna, 2007.

FARACO, Carlos Alberto; TEZZA, Cristovão. *Prática de texto para estudantes universitários*. 13. ed. Petrópolis: Vozes, 2008.

FAVERO, L. L. *Coesão e coerência textuais*. 2. ed. São Paulo: Ática, 1993.

FERNANDES, Cláudia Silvia; DOURADO, Marisa dos Santos. *Português ao alcance de todos*: gramática e redação comercial sem mistérios. São Paulo: Editora Comercial, 2002.

FIGUEIREDO, Luiz Carlos. *A redação pelo parágrafo*. Brasília: Editora Universidade de Brasília, 1999.

FIORIN, José Luiz; PLATÃO, Francisco. *Lições de texto*: leitura e redação. São Paulo: Ática, 2006.

GARCIA, Othon M. *Comunicação em prosa moderna*: aprenda a escrever aprendendo a pensar. 27. ed. Rio de Janeiro: Editora FGV, 2010.

GRANATIC, Branca. *Técnicas básicas de redação*. São Paulo: Scipione, 1997.

GUIMARÃES, Elisa. *A articulação do texto*. São Paulo: Ática, 2011. (Série Princípio).

HOLANDA, Sérgio Buarque. *O homem cordial*. São Paulo: Cia. das Letras, 2012.

INFANTE, Ulisses. *Do texto ao texto*: curso prático de leitura e redação. São Paulo: Scipione, 1991.

KNEALE, William; KENEALE, Martha. *O desenvolvimento da lógica*. 3. ed. Trad. M. S. Lourenço. Lisboa: Fundação Calouste Gulbenkian, 1991.

KOCH, Ingedore Villaça. *A inter-ação pela linguagem*. São Paulo: Contexto, 1992.

_______. *O texto e a construção dos sentidos*. São Paulo: Contexto, 1997.

_______; ELIAS, Maria. *Ler e compreender*: os segredos do texto. São Paulo: Cortez, 2002.

_______; TRAVAGLIA, Luiz Carlos. *A coerência textual*: sentido e compreensão do texto, fatores da coerência textual, tipologia de textos: 2º grau e vestibular. 12. ed. São Paulo: Contexto, 2001.

_______; TRAVAGLIA, Luis Carlos. *Texto e coerência*. 8. ed. São Paulo: Cortez, 2002.

LUFT, Celso Pedro. *A vírgula*: considerações sobre o seu ensino e o seu emprego. 2. ed. São Paulo: Ática, 1997.

_______. *Dicionário prático de regência nominal*. 5. ed. São Paulo: Ática, 2009.

_______. *Dicionário prático de regência verbal*. 9. ed. São Paulo: Ática, 2009.

MARCUSCHI, Luiz Antonio. *Produção textual, análise de gêneros e compreensão*. São Paulo: Parábola, 2008.

MARGUTTI PINTO, Paulo Roberto. Noção de Lógica. In: ______. *Introdução à Lógica Simbólica*. Belo Horizonte: Editora UFMG, 2001.

MARTINS, Eduardo. *Manual de Redação e Estilo*. Disponível em: <http://www.estadao.com.br/manualredacao/crase.shtm>. Acesso em: 11 fev. 2015.

MENEZES, Ebenezer Takuno de; SANTOS, Thais Helena dos. “Multidisciplinaridade” (verbete). *Dicionário Interativo da Educação Brasileira – EducaBrasil*. São Paulo: Midiamix Editora, 2002. Disponível em: <http://www.educabrasil.com.br/eb/dic/dicionario.asp?id=90>. Acesso em: 31 jan. 2015.

MESQUITA, Roberto Melo. *Gramática da Língua Portuguesa*. 11. ed. São Paulo: Saraiva, 2014.

MIRANDA, Maria Margarida. Da espada embainhada à espada em riste: doutrina do estilo em Quintiliano. *Revista Humanitas*, v. 66, Coimbra: Imprensa da Universidade de Coimbra, 2014.

PINTO, Mário. *Elementos básicos de Lógica*. 4. ed. Belo Horizonte: PUC-MG/FUMARC, 1984.

QUINTILIANO. *Institutio oratoria*. Trad. Antonio Leite Marques e Rosalina Marques. Lisboa: Traduvarius, 2011.

RIBEIRO, M. P. *Nova gramática aplicada da Língua Portuguesa*. 14. ed. Rio de Janeiro: Metáfora Editora, 2004.

SALMOM, Wesley C. O objeto da Lógica. In: ______. *Lógica*. Trad. Leonidas Hedenberg e Octanni Silveira da Mota. Rio de Janeiro: Zahar Editores, 1981.

SERAFINI, Maria Teresa. *Como escrever textos*. São Paulo: Globo, 1997.

TUFANO, Douglas. *Michaelis*: Português Fácil - Tira-dúvidas de redação. São Paulo: Editora Melhoramentos, 2010.

VAL, Maria da Graça C. *Redação e textualidade*. São Paulo: Martins Fontes, 1991.

Este livro foi impresso pela Paym
em fonte Arno Pro sobre papel Norbrite 66,6 g/m²
para a Edipro no outono de 2019.